U0529715

TROY
ITS LEGEND, HISTORY & LITERATURE

特洛伊战争
传说、历史与文献

〔美〕塞缪尔·G.W.本杰明 著　傅晓霞 译

金城出版社
GOLD WALL PRESS
·北京·

图书在版编目（CIP）数据

特洛伊战争：传说、历史与文献 /（美）S.G.W.本杰明（S. G. W. Benjamin）著；傅晓霞译. — 北京：金城出版社有限公司，2023.5

（金犀牛文库）

书名原文：TROY,ITS LEGEND, HISTORY AND LITERATURE

ISBN 978-7-5155-2376-7

Ⅰ.①特… Ⅱ.①S…②傅… Ⅲ.①特洛伊战争—研究 Ⅳ.①K125

中国版本图书馆CIP数据核字(2022)第207017号

特洛伊战争：传说、历史与文献

作　　者	[美]S.G.W.本杰明
译　　者	傅晓霞
责任编辑	杨　超
责任校对	彭洪清
责任印制	李仕杰
文字编辑	叶双溢
开　　本	710毫米×1000毫米　1 / 16
印　　张	17.5
字　　数	200千字
版　　次	2023年5月第1版
印　　次	2023年5月第1次印刷
印　　刷	北京兰星球彩色印刷有限公司
书　　号	ISBN 978-7-5155-2376-7
定　　价	78.00元

出版发行　金城出版社有限公司　北京市朝阳区利泽东二路3号　邮政编码：100102
发 行 部　（010）84254364
编 辑 部　（010）64214534
总 编 室　（010）64228516
网　　址　http://www.jccb.com.cn
电子邮箱　jinchengchuban@163.com
法律顾问　北京市安理律师事务所　（电话）18911105819

根据查尔斯·斯克里布纳之子出版公司英语版译出

就是这张脸,
让千艘帆船远航,
让伊利昂望不见顶的塔楼陷入火海?
美丽的海伦!

——克里斯托弗·马洛

PREFACE
前 言

1870年，本书作者曾经出版了一部作品，名为《帕里斯的选择：特洛阿德^①的传说》。除了作为文学工作者不可或缺的兴趣，作者写该书还有两个目的：一方面，希望用一个连贯的故事展现特洛伊之围富于浪漫色彩的一面；另一方面，让广大读者重新点燃对特洛伊伟大传说的兴趣。

　　现代读者渴求一个更加完整的特洛伊传说，一个既没有胡乱添加也没有重大遗漏的版本。现代人只能通过古典著作注释家、历史学家、亚历山德里亚的诗人和罗马的诗人的摘录或评述，去了解古人耳熟能详的史诗与传统，因为没有一部完整叙述特洛伊传说的作品现存于世。特洛伊的故事如碎片般零星地散落在史诗、戏剧、哲学与一些尚存于世的古代批评文章中。现代历史学家或多或少地在不断充实特洛伊的传说。但据作者所知，没有一部作品从头至尾完整地呈现特洛伊的故事。

　　本书将收集并整理零星散乱的叙事片段，呈现一个完整而连贯的特洛伊传说，以填补这一空白。特洛伊传说的部分故事存在多种版本。作者逐一将其罗列，交由读者自行研判与选择。由于史诗《伊利亚特》讲述了特洛伊战争结束前

---

① 特洛阿德位于小亚细亚西北角，现在是土耳其共和国恰纳卡莱省的一部分。西北面与达达尼尔海峡相接，西面与爱琴海比邻。——译者注

前　言

五十天左右发生的故事,虽然它们是特洛伊传说的核心故事,但本书并不会着墨太多。如果长篇累牍地讲述《伊利亚特》的故事,就是在重复《伊利亚特》的内容,但读者早已对其耳熟能详。

本书的第二部分简要介绍多年以来学术界关于特洛伊和"荷马问题"的争论及海因里希·谢里曼[①]和其他考古学家对特洛伊平原的考古研究发现。

本书中的大部分神源自希腊神话,而不是大家更熟悉的罗马神话,因为最初的特洛伊传说被记录在希腊神话中。同时,有些神的性格,例如阿佛洛狄忒[②],在希腊神话和罗马神话中略有不同。基于同样的考虑,本书将使用奥德修斯而非罗马神话的尤利西斯。

一部分英语中的希腊专有名词,虽然源自拉丁语,但因为流传较广,所以予以保留。

[①] 海因里希·施利曼(1822—1890),德国商人,同时是考古学领域的先驱,对特洛伊遗址希沙立克进行了考古挖掘。——译者注
[②] 阿佛洛狄忒是古希腊神话中与爱、美、快乐和生育有关的女神。——译者注

CONTENTS
目 录

第 1 部分 传 说 / 001

第 1 章　● 003
帕里斯的青年时代

第 2 章　● 015
海　伦

第 3 章　● 021
奥里斯的希腊人

第 4 章　● 029
阿喀琉斯的愤怒

第 5 章　● 037
墨涅拉俄斯与帕里斯的战斗

第 6 章　● 047
突袭希腊人营地

第 7 章　● 063
赫克托耳之死

第 8 章　●　075
阿喀琉斯之死

第 9 章　●　087
特洛伊被焚毁

第 10 章　●　095
战胜者的命运

第 2 部分　与特洛伊有关的文献与地形学 / 141

第 1 章　●　143
传说的起源

第 2 章　●　155
荷　马

第 3 章　●　167
德国学者对荷马的研究

第 4 章　●　177
英国学者对荷马的研究

第 5 章　● 187
特洛伊战争的历史依据

第 6 章　● 197
特洛伊遗址

附录　埃涅阿斯远逃与罗马时代的到来 / 207

译名对照表 / 245

PART I
第 1 部分

传 说
THE LEGEND

CHAPTER I

第 1 章

帕里斯的青年时代

THE YOUTH OF PARIS

●特洛伊地形　特洛阿德位于小亚细亚西北角,历史上曾是密细亚的一部分,在地图上是一个不规则的三角形。靠海的尖角是西革翁海岬,海岬的北面与西面皆临爱琴海。陆地一侧是自北向西绵延的巍峨的伊达山,伊达山西南的山脊被称为"嘎格罗斯"。海与山之间的冲积平原流淌着众多河流,其中最著名的是西摩伊斯河与别称"克珊托斯河"的斯卡曼德洛斯河。

●传说的起源　据说,近三千年来备受世界瞩目的特洛伊传说,正是发生在特洛阿德平原。故事发生在宙斯用大洪水席卷世界的数代之后。此时,定居在特洛阿德的是一个不知名的色雷斯人部落。该部落第一位为人所知的首领是特库罗斯,他精明强干。部落以特库罗斯为名,延续数代。特库罗斯是斯卡曼德洛斯[①]与西贝丽两位神在伊达山相遇、结合生下的孩子。西贝丽也被称为"艾达亚",是希腊神话中居于山林水泽中的女神。

●达耳达诺斯时代及达耳达诺斯定居特洛阿德　正是这一时期,达耳达诺斯,可能是佩拉斯吉人的一个部落首领,从邻近的萨莫色雷斯岛来到特克瑞[②]。达耳达诺斯是宙

---

① 斯卡曼德洛斯是古希腊神话中的斯卡曼德洛斯河的河神,在特洛伊战争中站在特洛伊一边。——译者注
② 见斯特拉博的作品及阿波罗多罗斯的作品。(此为原著注释,本书未注明的均属此类情况。)

斯和伊莱克特拉①的儿子，出类拔萃。由于自己的哥哥伊阿西翁被父亲宙斯用闪电击杀，悲痛万分的达耳达诺斯决定离开家乡萨莫色雷斯岛。统治特洛阿德的特库罗斯对达耳达诺斯青睐有加，不仅将女儿巴蒂亚嫁给达他，甚至将伊达山峭壁之上的一块土地赐予他。达耳达诺斯便在此处建造了达耳达尼亚城。他生了两个儿子，分别是伊路斯和厄里克托尼俄斯。厄里克托尼俄斯积累了大量财富并继承王位。他在特洛阿德水草丰茂的牧场上放牧了三千匹牝马。牧场上的小马驹，得到北风神波瑞阿斯的眷顾，超乎寻常的矫健迅捷。

后来，厄里克托尼俄斯娶西摩伊斯的女儿阿斯托约什为妻，育有一子，名叫特洛斯。特洛斯作为斯卡曼德洛斯和西摩伊斯两个有着世仇家族的后代，继承了

北风神波瑞阿斯的雕像。
波瑞阿斯是希腊神话中的神，是寒冷北风的化身，被视为冬天的使者

---

① 伊莱克特拉是爱琴海北部萨莫色雷斯岛的普莱亚德星仙女之一，与宙斯生了两个儿子，一个是达耳达诺斯，另一个是伊阿西翁。——译者注

父亲的王位，娶卡利罗厄为妻，生了三个儿子，分别是伊路斯、阿萨剌科斯和该尼墨得斯。幼子该尼墨得斯被宙斯掳走成为侍从，为诸神斟酒。而长子伊路斯建造了著名的伊利昂，即人们熟悉的特洛伊城。

●**特洛伊的建立** 此时的密细亚人，即达耳达尼亚人，似乎在某种程度上依附于相邻的弗里吉亚王国。因为根据记载，伊路斯曾获得弗里吉亚竞技比赛的冠军，得到一头长着斑纹的小母牛作为奖励，并获准在小母牛躺下休息的地方建城[①]。小母牛走了一段时间后，停在一个叫埃忒的山坡之上。伊路斯就在这里建造了著名的特洛伊城，又称"帕加姆斯"。

●**特洛伊城墙的建造** 伊路斯之后，拉俄墨东继承王位，娶斯卡曼德洛斯的女儿斯特律摩为妻。拉俄墨东和斯特律摩的子女各个出类拔萃、声名远播。随着特洛伊的地理优势日益显现，拉俄墨东急需建造一座城墙，将特洛伊城围在里面，以抵御外敌的入侵。幸运的是，宙斯惩罚阿波罗[②]和波塞冬[③]在一年内为特洛伊城建好城墙。经友好协商，阿波罗和波塞冬与拉俄墨东就建城墙的酬劳达成协议。此时，两位神对拉俄墨东的狡猾和无耻一无所知。

阿波罗和波塞冬顺利建好特洛伊城的城墙。拉俄墨东不仅拒绝支付约定的报酬，甚至胆大包天地威胁要砍掉阿波罗和波塞冬的耳朵，从而招来阿波罗和波塞冬的疯狂报复。直到此刻，拉俄墨东才意识到，戏弄神的后果有多么可怕。阿波罗直接向特洛阿德投放瘟疫，导致大量特洛伊人染疫不治。波塞冬为了发泄怒火，向特洛伊海域派遣海怪，命其吞噬海边的特洛伊百姓。

●**赫西俄涅被赫拉克勒斯所救** 可怕的灾难让胆大妄为的拉俄墨东惊慌失措，急忙派遣祭司求问神谕。神谕显示，只有将拉俄墨东的女儿赫西俄涅献祭给海怪，灾难才会结束。于是，年轻美丽的赫西俄涅被带到海边，绑在海边的一块岩石上，

---

① 见阿波罗多罗斯的作品及《埃涅阿斯纪》。
② 阿波罗是古希腊神话中射箭、音乐和舞蹈、真理和预言、疾病和治疗、太阳和光、诗歌等方面的神。——译者注
③ 波塞冬是古希腊神话中海、风暴、地震和马的神。——译者注

第 1 章 帕里斯的青年时代

等待下一个潮汐来临时被海怪吞吃。紧要关头,胜利讨伐阿玛宗人的赫拉克勒斯带着战利品——阿玛宗女王的腰带,从黑海返回,途经特洛伊海边,发现被绑在岩石上的赫西俄涅,不禁生了恻隐之心。赫拉克勒斯英勇善战,救下赫西俄涅轻而易举。不过,救人是有条件的。赫拉克勒斯告诉拉俄墨东,如果拉俄墨

赫西俄涅与赫拉克勒斯。
巴托洛梅·萨尔维斯里尼(Bartolommeo Salvestrini,生年不详,死于 1630 年)绘

东愿意将两匹来自奥林匹斯山的神马送给自己作为报答，自己可以杀死海怪，救下赫西俄涅。当初，宙斯正是用这两匹神马，强行换走了特洛斯的幼子该尼墨得斯，让该尼墨得斯做自己的斟酒侍从。

特洛伊国王拉俄墨东欣然接受赫拉克勒斯的条件，毕竟没有什么比许诺更容易了。然而，在赫拉克勒斯成功解救危在旦夕的赫西俄涅后，心存侥幸的拉俄墨东又一次拒绝履行自己的承诺，以为自己可以再次轻易地摆脱背信弃义的惩罚。没能得到神马的赫拉克勒斯只能无奈地离开了特洛伊。之后几年，拉俄墨东发现赫拉克勒斯没有采取报复行动，心存侥幸，不再担心毁约带来的恶果。

●赫拉克勒斯杀死拉俄墨东　事实上，赫拉克勒斯只是暂时无暇报复拉俄墨东。在解决一切麻烦后，赫拉克勒斯立即率领十八支船队（根据荷马的说法是六支）与一批士兵前往特洛伊复仇。其中每支船队有五十艘帆船。在来自萨拉米斯的大英雄忒拉蒙①的帮助下，赫拉克勒斯成功夺取了特洛伊城，并用箭射杀了拉俄墨东和他的儿子们。唯一幸存下来的王子只有波达耳刻斯，因为波达耳刻斯曾经劝告自己的父亲履行承诺。

赫拉克勒斯将赫西俄涅作为战利品，送给自己的朋友忒拉蒙，并允许赫西俄涅在战俘中挑选一人，赐其自由。赫西俄涅选择了自己唯一幸存的弟弟波达耳刻斯。根据当时的习俗，赎买战俘与买卖奴隶的规矩相同，所以赫西俄涅必须先支付赎金。于是，赫西俄涅以自己头上的绣金面纱为代价，赎回了弟弟波达耳刻斯。后来，波达耳刻斯就改名为普里阿摩斯，意思是"被买来的人"。

●普里阿摩斯重建特洛伊　普里阿摩斯曾劝告自己的父亲拉俄墨东履行与赫拉克勒斯的约定。因此，赫拉克勒斯允许普里阿摩斯继承特洛伊王位，重建特洛伊城。普里阿摩斯曾经遵从父亲拉俄墨东的安排，娶阿里斯巴为妻。现在，他决定与阿里斯巴离婚，另娶小亚细亚弗利吉亚国王狄玛斯的女儿赫卡柏。当然，这其中既

---

① 忒拉蒙是《伊利亚特》中的希腊英雄大埃阿斯的父亲，赫拉克勒斯的好友，曾与赫拉克勒斯一起远征阿玛宗和特洛伊。——译者注

第 1 章　帕里斯的青年时代

有爱情的因素，也有政治上的考量。总而言之，普里阿摩斯与赫卡柏的婚姻幸福美满、儿女满堂。赫卡柏一共生育了十九个孩子。随着孩子们渐渐长大，各自成家，普里阿摩斯在帕加姆斯城堡的周围分别为孩子们建造了单独的宫殿。特洛伊在普里阿摩斯的统治下逐渐繁荣。普里阿摩斯天性善良、拥有远见卓识，汲取了拉俄墨东的教训，一方面不断巩固和扩大领土，另一方面通过联姻等手段积极结交强大的盟友，终于为特洛伊城赢得了显赫的声名与广泛的尊重。

赫卡柏温柔贤淑，教子有方。赫卡柏的孩子们大都人才出众，盛名远播，不仅因为他们高贵的出身，而且因为每个人各自鲜明的特点。可以说，赫卡柏的子女中，如卡桑德拉、赫克托耳、特洛伊路斯、帕里斯、赫勒诺斯与得伊福玻斯，即使没有因命运女神安排的悲壮人生而青史留名，也绝不会寂寂无名。

●帕里斯出生　在怀上帕里斯之前，普里阿摩斯与赫卡柏已经生育了几个孩子，生活幸福平静。然而，怀着帕里斯的赫卡柏做了一个奇怪的梦，梦到自己生了一个燃烧着的火炬，将特洛伊付之一炬。得知消息的普里阿摩斯忧心忡忡，请特洛伊祭司埃萨库斯为赫卡柏解梦。埃萨库斯是普里阿摩斯与前妻阿里斯巴的儿子，和自己同父异母的弟弟赫勒诺斯及妹妹卡桑德拉一样具有预言天赋。在祖母罗珀的教导下，埃萨库斯成为一个出色的预言师。不过，埃萨库斯因妻子阿斯忒洛珀早丧，伤心过度，最后抑郁成疾，天不假年。埃萨库斯在占卜后告诉普里阿摩斯，特洛伊将毁在赫卡柏腹中尚未出生的孩子手中，建议婴儿出生后立即丢弃于荒野。普里阿摩斯按照埃萨库斯的建议，在婴儿出生当天就将其交给伊达山的牧羊人阿基劳斯，要求他将婴儿丢弃在峭壁上，因为婴儿在峭壁上根本无法存活，很快便会被老鹰或狼吃掉。五天后，阿基劳斯回到自己丢弃婴儿的峭壁，却惊奇地发现婴儿靠吃着母熊的乳汁活了下来，毫发未伤。阿基劳斯心生感动，将婴儿带回家抚养，取名帕里斯。

帕里斯对自己的王室出身毫不知情，在养父的抚养下健康长大，品行高尚，勇敢坚韧。他曾多次驱赶、击退袭击羊圈的强盗，也曾在竞技比赛中拔得头筹。

帕里斯与伊诺尼。
雅各布·德·维特（Jacob de Wit, 1695—1754）绘

帕里斯的英勇和敏捷在伊达山的牧民中广为流传，这为自己赢得了"亚里山德罗斯"的称号，意为"人类守护者"。

●山林女神伊诺尼　在伊达山放牧的时光里，帕里斯与山林女神伊诺尼有一段美好的爱情故事[①]。伊诺尼性格温婉、钟灵毓秀，与帕里斯在山林中相遇相知，陷入爱河，并最终嫁给帕里斯为妻。他们幸福地生活在伊达山上，放牧继承自帕里斯养父阿基劳斯的羊群。帕里斯和伊诺尼的传说是古希腊所有田园诗中最宁静、最平和、最感人的。

●宙斯计划清洗人类　然而，众神见凡人过着堪比神的幸福生活，心生不悦。众神认为，凡人注定一生在正直善良和腐化堕落之间挣扎，并最终走向沉沦和灭亡。神雇佣人来实现自己欲望，或者让他们成为完成命运的工具。因此，悲剧以出人意料的方式降临在帕里斯身上——成为宙斯的棋子。令人不解的是，帕里斯明明

---

① 见阿波罗多罗斯的作品及《埃涅阿斯纪》。

第1章 帕里斯的青年时代

只是一枚棋子,却要为宙斯的肆意妄为背负骂名。宙斯看到世界上人满为患,就询问忒弥斯①如何解决人口过剩的问题。忒弥斯说,减少人口的最好办法是在希腊和特洛伊之间发生一场战争②。这才是导致特洛伊战争的真正原因!

●珀琉斯与忒提斯的婚礼　色萨利国王珀琉斯经历过各种奇异的冒险和不幸,甚至遭遇过好友阿卡斯托斯妻子希波吕托斯的美色诱惑。但珀琉斯最终不为所动。众神称赞珀琉斯的高尚品德,将女神忒提斯嫁给珀琉斯,并在珀隆山为珀琉斯和忒提斯举办了婚礼。奥林匹斯山③的众神都参加了观礼。

●带来不和的苹果　宙斯的大清洗计划在珀琉斯与忒提斯的婚礼上拉开帷幕。不和女神厄里斯是复仇女神涅墨西斯的妹妹、黑夜女神倪克斯的女儿。厄里斯遵照宙斯安排,将一个刻有"献给最美的女神"④的金苹果带到婚礼现场。果不其

珀琉斯与忒提斯的婚礼。
希利斯·凡·瓦肯博赫(Gillis van Valckenborch,1570—1622)绘

---

① 忒弥斯是古希腊神话中秩序、公平、法律和习俗的化身。她的象征是代表正义的天平。——译者注
② 见《埃涅阿斯纪》。
③ 奥林匹斯山是古希腊神话中诸神的居住地。——译者注
④ 见《塞浦路斯女神之歌》。

赫拉、雅典娜、阿佛洛狄忒三位女神因金苹果产生了纠纷。
雅各布·乔登斯（Jacob Jordaens，1593—1678）绘

然，女神们都对金苹果产生了强烈的兴趣，希望自己才是最美的女神。最终，女神们承认，赫拉①、雅典娜②和阿佛洛狄忒三位女神地位尊贵、美丽绝伦，有资格获得金苹果。三位女神僵持不下，只好请求宙斯做最后的评判。狡猾的宙斯拒绝担任裁判，因为稍有不慎，不但自己不得安生，甚至可能引发战争。宙斯如果将金苹果判给妻子赫拉，有徇私的嫌疑，继而引发奥林匹斯山诸神的冲突；如果将金苹果判给雅典娜或者阿佛洛狄忒，可能导致家庭不睦。于是，宙斯将裁决金苹果归属的任务交给了伊达山年轻的牧羊人帕里斯。各不相让的三位女神到底谁最

---

① 赫拉是古希腊神话中妇女、婚姻、家庭和生育的女神，是十二位奥林匹斯神之一，宙斯的妹妹和妻子。——译者注
② 雅典娜是古希腊神话中与智慧、手工艺和战争等有关的女神，是十二位奥林匹斯神之一。雅典娜被认为是希腊各城邦的守护神，尤其是雅典城。——译者注

第 1 章　帕里斯的青年时代

美貌？谁才有资格获得金苹果？宙斯承诺，帕里斯选择哪位女神，哪位女神就是最后的赢家。

●**三位女神来到伊达山请帕里斯评判**　赫尔墨斯领着三位女神找到帕里斯。让帕里斯这个年轻、没有经验的牧羊人承担如此重任，显然是非常不公正的。更糟糕的是，三位女神不愿意安分地等待帕里斯做出公正的裁决。她们利用自己手中的特权，对帕里斯许下诱人的承诺，试图影响帕里斯的决定。和所有遭遇如此粗暴对待的凡人一样，帕里斯将被迫做出选择，并对可能产生的后果承担责任。赫拉承诺赐予帕里斯至高的王权；雅典娜承诺赐予帕里斯智慧与勇气，让帕里斯战无不胜；阿佛洛狄忒承诺赐予帕里斯世界上最美丽的女人。年轻的帕里斯对阿佛洛狄忒的许诺动了心，将自己的妻子伊诺尼抛诸脑后，把金苹果判给了阿佛洛狄忒。一瞬间，帕里斯和世界的命运都注定了。毫无疑问，不管帕里斯后来做了什么，高高在上的宙斯利用他的弱点，让他经历人性的考验，显然有失公正。

●**帕里斯前往特洛伊城参加竞技比赛**　金苹果事件后，帕里斯回归放牧生活，和伊诺尼生活在伊达山，一如既往地照看自己的羊群和牲畜。但命运的脚步已经悄悄地逼近，避无可避。普里阿摩斯统治下的特洛伊日益繁荣。有一天，普里阿摩斯宣布在特洛伊举办一场竞技比赛。普里阿摩斯的儿子们和其他贵族出身的年轻人将参加比赛。优胜者可以获得伊达山最健壮的公牛。被派去寻找这样一头公牛的使者最终在帕里斯放牧的牛群中找到了一头。帕里斯极不愿意公牛被牵走，但最终以允许自己参加竞技比赛为条件，同意献出公牛作为优胜者的奖品。

●**帕里斯离开伊诺尼**　毫无疑问，帕里斯决定参加比赛时，是打算比赛后回到伊诺尼身边，继续放牧生活的。而伊诺尼拥有阿波罗赋予的预知天赋，知道如果帕里斯离开伊达山，会有可怕的后果，于是劝他不要参加比赛。但帕里斯一派乐观，雄心勃勃，对伊诺尼的恳求和警告置之不理。无可奈何的伊诺尼告诉帕里斯，他将经历一场漫长而残酷的战争，并在战争中负伤，只有自己能治好他。伊诺尼恳求爱人在预言成真时回到自己的怀抱，自己会为他治疗。两人就此分别[①]。多年之后再次相见，早已物是人非。

特洛伊平原举办的竞技比赛中，年轻的牧羊人帕里斯表现出众，战胜了包括普里阿摩斯最出色的儿子赫克托耳在内的所有参赛者。赫克托耳心高气傲，无法接受自己这个高贵的王族血脉竟然输给一个不知名的乡巴佬。如果不是帕里斯跑得飞快，逃到宙斯神殿并抓住祭坛的角[②]，大概已经被自己的哥哥赫克托耳杀了。

●**帕里斯回归王室**　此时，特洛伊国王普里阿摩斯的女儿卡桑德拉在神殿内主持祭祀仪式，看到逃到此处的帕里斯长相和普里阿摩斯的儿子们极其相似。一番询问后，卡桑德拉得知帕里斯竟然是多年前被抛弃在伊达山的婴儿。普里阿摩斯见到帕里斯，欣喜若狂，将埃萨克斯的可怕预言忘得一干二净，满心欢喜地迎接帕里斯回家。赫克托耳对帕里斯的怨恨随之烟消云散。可以想象，特洛伊人听闻王室再添一位出类拔萃的王子是何等自豪和幸福。

●**宙斯的计划逐步实现**　至此，宙斯设计"带来不和的苹果"的目的已经十分明了。命运的齿轮开始转动。宙斯的计划、阿佛洛狄忒对帕里斯的承诺都将一一实现。

[①] 见阿波罗多罗斯的作品、《埃涅阿斯纪》及希吉努斯的作品。
[②] 通过这样的方式，帕里斯向赫克托耳表示："这是宙斯的神殿，我来到天神的面前寻求帮助，你不能杀我。"——译者注

CHAPTER II
第 2 章

海 伦
HELEN

●斯巴达的海伦及海伦被忒修斯掳走　爱琴海的另一边,一个叫斯巴达的城邦与特洛伊的命运息息相关。斯巴达位于古希腊最南端。国王廷达鲁斯有四个孩子,分别是卡斯托耳、波吕克斯、海伦和克吕泰涅斯特拉[①]。据说,双胞胎卡斯托耳和海伦是宙斯的孩子。宙斯因为爱慕廷达鲁斯的妻子勒达,化身天鹅,突袭并占有了勒达。海伦便是宙斯和勒达的女儿,是古希腊最著名的女人。她美丽绝伦,甚至引发了希腊与特洛伊之间的战争。也有人认为,海伦是宙斯和复仇女神涅墨西斯的女儿[②]。但这显然是一种附会,只是事后为了让特洛伊战争看起来由斯巴达公主海伦的美貌直接引发而进行的补充。与其他人的叙述有所不同,赫西俄德认为海伦是海洋之神俄刻阿诺斯和忒堤斯的女儿。海伦还未成年,美名就已经远播。得知她的美貌的雅典勇士忒修斯和好友庇里托俄斯决定绑架海伦。在一次节日庆典活动中,少女海伦与同伴正在丰收女神狄安娜的神殿里跳舞。忒修斯和庇里托俄斯趁机成功劫持了海伦。忒修斯带着海伦穿过伯罗奔尼撒来到阿菲德尼,将其交给自己的母亲阿斯亚照顾,直到成年。另一种说法是,当时海伦已到适婚年龄,嫁给了忒修斯,并生下一子,交由自己的姐姐克吕泰涅斯特拉

① 见《伊利亚特》与《奥德赛》。
② 见《塞浦路斯女神之歌》。

第2章 海 伦

抚养[①]。

●**希腊诸城邦的贵族向海伦求婚** 海伦的两个哥哥卡斯托耳和波吕克斯，带兵攻破阿提卡，救回海伦。然而，危机并未解除。忒修斯的暴行拉开了争夺海伦的序幕。只有当天姿国色的海伦确定婚姻归属，骚乱才能平息。在希腊，从一个城邦到另一个城邦，人们都在谈论海伦的美貌。希腊各城邦的贵族和英雄，共三十余人，陆续来到国王廷达鲁斯的王宫，向海伦求婚。此时，海伦的姐姐克吕泰涅斯特拉已经嫁给迈锡尼国王阿伽门农。海伦的两个哥哥斯卡斯托耳和波吕克斯已经去世。海伦是国王廷达鲁斯王位的唯一继承人，因此她的婚姻归属具有双重意义。如何为海伦挑选一个有实力的丈夫，赐其与海伦共享王位的权利，对斯巴达国王廷达鲁斯而言是一个至关重要的问题。不过，廷达鲁斯不急于行动，而海伦也不愿意在没有选择余地的情况下被迫出嫁。她对自己命运的自主选择及传说中的其他相关记载，都表明古希腊的妇女性格独立，勇于提出自己的主张。因为海伦的丈夫人选迟迟未定，求婚者不耐烦地吵闹起来，仿佛他们自己有权决定海伦的归属。事态日渐恶化。

●**奥德修斯献策及海伦的选择** 奥德修斯是求婚者之一。他来自贫瘠的伊萨基岛，是国王莱耳忒斯的儿子，被誉为当时最聪明的人。到达斯巴达后，奥德修斯对求婚者的实力做了一番仔细的评估，知道自己在众多求婚者中，抱得美人归的机会十分渺茫。更重要的是，奥德修斯已经爱上廷达鲁斯的侄女珀涅罗珀，并成功赢得了她的芳心。为了娶珀涅罗珀为妻，或者更确切地说，为了让廷达鲁斯支持自己与珀涅罗珀的婚事，奥德修斯为廷达鲁斯出谋献策，完美解决了海伦当下的危机。在奥德修斯的倡议下，求婚者一致同意：海伦有权自主选择自己的丈夫；落选者必须接受海伦的决定为最终结果，不得有异议；在未来的某个时候，如果有人将海伦从她的丈夫身边抢走——考虑到海伦的美貌，这种情况并非不可能，

[①] 见帕夫萨尼亚斯的作品。

求婚者必须集结所有军事力量,帮助海伦的丈夫将她带回。阿伽门农的弟弟墨涅拉俄斯是最后的幸运儿,他成为海伦的丈夫。婚礼之后,失败的求婚者满心懊恼,带着自己的誓言各自返回。

不久,斯巴达国王廷达鲁斯去世。墨涅拉俄斯和海伦共同继承了王位。墨涅拉俄斯出身高贵,但没有自己的领地。根据记载,他似乎也不是一个知识渊博的人。不过,墨涅拉俄斯英俊、善良、真诚。海伦曾评价自己的丈夫是个高贵、富有个人魅力、充满智慧的人[①]。

表面看起来,墨涅拉俄斯和海伦婚姻美满、生活幸福。在三年多的时间里,夫妇二人有了一个女儿,叫埃尔米奥娜。但一种莫名的厄运悄然靠近。墨涅拉俄斯和海伦不过是诸神的棋子,早已被命运标记。虽然他们是特洛伊战争的直接责任人,但也是被裹挟的受害者。宙斯当初安排不和女神厄里斯抛出金苹果的目的现在已初露端倪。

海伦在斯巴达国王墨涅拉俄斯的宫殿。
根据歌德的《浮士德》绘制。绘者信息不详。绘于19世纪

---

① 见《奥德赛》。

第2章 海 伦

●**阿佛洛狄忒准备兑现对帕里斯的承诺** 海伦的美貌远超同时代的其他人，显然就是阿佛洛狄忒向帕里斯承诺的"世间最美丽的女人"。在阿佛洛狄忒女神的怂恿下，帕里斯开始将渴望的目光投向斯巴达。此时，海伦的名声也已经传到特洛伊。然而，如何前往希腊的问题却困扰着英俊的特洛伊王子帕里斯。虽然没有相关记载，但帕里斯显然非常明智地没有向家人提起阿佛洛狄忒的承诺。当时，从特洛伊前往斯巴达的航程十分遥远、艰难。如果没有一个合理的借口，帕里斯不可能获得父亲普里阿摩斯的同意，前往斯巴达。最后，帕里斯利用普里阿摩斯对赫西俄涅的思念之情，顺利达成所愿。读者应该记得，赫西俄涅为沦为战俘的弟弟普里阿摩斯赎身，自己却被赫拉克勒斯赐予萨拉米斯国王忒拉蒙，至今杳无音讯。消息的不畅通从侧面反映了那个时代航海技术的落后程度。

●**帕里斯计划前往斯巴达** 帕里斯利用父亲普里阿摩斯对自己的偏袒，不顾赫勒诺斯与卡桑德拉的预言警告，说服普里阿摩斯允许哈尔莫狄欧斯为自己建造一支舰队，前往萨拉米斯打听赫西俄涅的消息[①]。离开萨拉米斯后，帕里斯启程前往斯巴达。在航行途中，帕里斯曾遇到预言特洛伊战争的涅柔斯[②]。为了不让海伦的丈夫墨涅拉俄斯起疑，帕里斯假称自己要到斯巴达的阿波罗神殿祭祀。不明真相的斯巴达国王墨涅拉俄斯和王后海伦盛情款待了帕里斯，甚至邀请帕里斯在斯巴达多待一段时间。其间，墨涅拉俄斯有事需前往克里特岛。出于对帕里斯的信任，墨涅拉俄斯只身离开斯巴达，独留海伦招待在斯巴达做客的帕里斯。

●**海伦离开斯巴达** 帕里斯趁机勾搭海伦。海伦也为英俊的帕里斯意乱情迷，愿意离开墨涅拉俄斯，离开斯巴达，随帕里斯一起前往特洛伊。据说，海伦同时带走了墨涅拉俄斯的许多财宝。墨涅拉俄斯认为自己是海伦的合法丈夫，自然拥有斯巴达的所有财富。但在海伦看来，既然与墨涅拉俄斯的婚姻关系已经结束，那么自己有权收回斯巴达的财富并将之带走。帕里斯与海伦之间的爱无疑是真诚

---

① 见《伊利亚特》。
② 见《颂歌集》。

的。两人相守多年，不曾改变。

有人说，帕里斯与海伦得到女神阿佛洛狄忒认可与祝福。是女神阿佛洛狄忒让他们成为彼此命中注定的爱人。帕里斯与海伦不应该为特洛伊战争背负骂名。必须承认，这一辩词十分具有说服力。

在《伊利亚特》中，普里阿摩斯对海伦说："在我看来，错不在你，而在不朽的天神。"古希腊人普遍认同这对恋人的自辩之词。然而，认同帕里斯与海伦无罪，等同于接受宿命论，接受人类可以不需要对自己的行为负责。但要说帕里斯与海伦有罪，又对凡人太不公平。明明是诸神的恶行却要凡人承担后果，或者说诸神虽有心行善，却结出了恶果。

●海伦被扣留在埃及的传闻　由于当时航海技术落后，返回特洛伊的旅程十分漫长。赫拉刮起一阵大风，将帕里斯的船队吹离了航线。偏航的船队一路向东到达西顿[1]。有传闻说帕里斯占领并洗劫了西顿。也可能只是帕里斯的船员与西顿的本地人发生冲突。另一种说法是，帕里斯的船队在埃及海岸触礁。埃及国王普洛透斯听闻帕里斯背信弃义，带走别人的妻子，感到义愤填膺，出手扣留了海伦。按照这一说法，海伦没有去特洛伊。被帕里斯带到特洛伊的只是海伦的一个残影幻象[2]。显然，这与荷马的观点相左，并且与大多数古希腊作家对特洛伊故事的记录不符。除了那些需要为斯巴达王后海伦正名的人，很少有人注意到这种说法。

据荷马所说，帕里斯的船队中途停留在阿提卡沿岸的克兰纳岛过冬[3]。这个小岛后来被命名为"海伦娜"[4]。到达特洛伊后，海伦受到热情接待，成为帕里斯的合法妻子。普里阿摩斯对自己最喜爱的儿子帕里斯显然十分偏袒。后来，大臣们曾强烈要求普里阿摩斯将海伦还给墨涅拉俄斯，但无济于事。

---

[1] 见普罗克洛斯的作品。
[2] 见希罗多德与欧里庇得斯的作品。
[3] 见斯特拉博、帕夫萨尼亚斯的作品。
[4] 有人认为就是吉西姆湾附近的马拉托尼斯。

CHAPTER III

第 3 章

奥里斯的希腊人

THE GREEKS AT AULIS

●商定带回海伦的策略　诸神的信使伊利斯将海伦逃离的消息告知墨涅拉俄斯。得知消息的墨涅拉俄斯立刻从克里特岛返回斯巴达,并向所有求婚者派出信使,要求他们遵守曾经的誓言,再次聚集到斯巴达王宫,群策群力带回海伦。曾经的求婚者确实言而有信。但可以想象,他们这次前往斯巴达的热情远不及上次向海伦求婚时那么高涨。经过一番讨论,众人决定在诉诸武力之前,先尝试以和平的外交手段解决问题。被推举出来前往特洛伊谈判的使者包括奥德修斯和狄俄墨得斯。墨涅拉俄斯自愿随同使团前往特洛伊,希望能见到海伦,说服她回到自己身边。

使团在特洛伊受到热情接待,下榻于安忒诺耳的家中。安忒诺耳是一位温和、有远见的政治家,与普里阿摩斯家族关系密切。然而,由于帕里斯的决心和影响力,普里阿摩斯既没有同意墨涅拉俄斯与海伦相见,又拒绝了归还海伦的要求。因此,双方只能兵戎相见,别无他法。

返回希腊后,墨涅拉俄斯拜访哥哥阿伽门农,就组建军队和舰队的事宜征求他的意见。随后,墨涅拉俄斯又前往皮洛斯,向皮洛斯国王涅斯托耳请教出兵事宜。传闻,涅斯托耳是当时希腊最年长的国王,为人正直,阅历丰富[①]。经过一

---

① 见《奥德赛》及希罗多德的作品。

第 3 章 奥里斯的希腊人

系列磋商，希腊人决定组织一支强大的远征军去讨伐特洛伊，由阿伽门农挂帅。舰队和士兵在奥里斯集结。

●**奥德修斯不愿意远征特洛伊** 求婚者之一的奥德修斯对希腊人远征的成败具有重要影响。尽管奥德修斯是"共同讨伐拐走海伦的人"的发起人，但他刚刚继承伊萨基王位，与妻子珀涅罗珀和幼子忒勒玛科斯感情深厚，不想参与讨伐特洛伊。为了逃避远征，奥德修斯假装精神失常，用一匹马和一头牛在海沙上犁地，以食盐代替小麦进行播种。但奥德修斯疯疯癫癫的行为没能逃过帕拉墨得斯的慧眼。帕拉墨得斯将奥德修斯的幼子忒勒玛科斯放在犁地的马和牛的前面。为了保护忒勒玛科斯不受伤害，奥德修斯只能将犁地的马和牛赶往其他方向，因此暴露了自己。于是，奥德修斯只好带着四艘大帆船从伊萨基启程。出征时，奥德修斯做梦也没有想到，要到二十年之后才能再次回到自己的伊萨基王国。

●**帕拉墨得斯的命运** 破坏奥德修斯的计划让帕拉墨得斯付出了高昂的代价。帕拉墨得斯是埃维亚国王的儿子，和奥德修斯一样足智多谋，是当时公认的最富

奥德修斯用一匹马和一头牛在海沙上犁地。
绘者信息不详。绘于 19 世纪

有创造力的人。帕拉墨得斯发明了国际象棋、西洋双陆棋、度量衡及基于月亮运行周期的历法。悲剧诗人欧里庇得斯曾说希腊元音符号也是帕拉墨得斯发明的。同时,帕拉墨得斯还引入了重要的军事改革,包括改良排兵布阵、增加哨兵等①。此次出征特洛伊,帕拉墨得斯也在军中。奥德修斯因计谋被识破,始终对帕拉墨得斯怀恨在心,决心报复。奥德修斯用计将黄金埋在帕拉墨得斯的帐篷里,指控帕拉墨得斯被特洛伊人收买,当了叛徒。众人在检查帕拉墨得斯的营帐时,果然发现隐藏的黄金。就这样,这个不幸的英雄被自己的同胞用石头砸死。等到人们发现真相,一切为时已晚。

●阿喀琉斯乔装打扮后藏在斯库罗斯岛上　珀琉斯之子阿喀琉斯加入远征军的过程也充满波折。不过,阿喀琉斯正是在特洛伊战争中大放异彩、名传千古。阿喀琉斯的荣耀和厄运都起源于自己父母珀琉斯和忒提斯婚礼上的金苹果事件。流传下来的关于阿喀琉斯刀枪不入的传说各不相同。在荷马史诗中,阿喀琉斯虽然骁勇善战,战力无双,但和其他凡人一样,并不能躲避一切伤害。另一种流传更广的说法是,阿喀琉斯的母亲忒提斯为了让阿喀琉斯刀枪不入,将阿喀琉斯浸入冥河水中。但阿喀琉斯的脚跟因为被忒提斯的手抓着,没能触及神奇的河水,成为全身上下唯一的破绽。远征军的祭司卡尔卡斯曾预言:如果没有阿喀琉斯,希腊军队不可能战胜特洛伊,而阿喀琉斯也将战死在特洛伊。为了避开这宿命的安排,阿喀琉斯九岁时,忒提斯将其托付给斯库罗斯国王吕科墨得斯。住在斯库罗斯岛上的阿喀琉斯男扮女装,以女孩的身份长大成人。远征前夕,奥德修斯被派往斯库罗斯岛请阿喀琉斯参战。阿喀琉斯的伪装十分完美,混在女孩之中。奥德修斯识别不出来。奥德修斯不得不用计找出伪装的阿喀琉斯。原来,奥德修斯乔装扮作走街串巷的货郎,到阿喀琉斯居住的宫殿附近兜售小商品。顺便提一句,奥德修斯伪装成小贩的情节展现了古希腊的一种商业形式,十分有趣。奥德修斯

---

① 见斐罗斯屈拉特的作品、《英雄传》、帕夫萨尼亚斯的作品等。

在兜售的商品中混入各式武器,并对着客人吆喝,夸耀其中的一柄剑。阿喀琉斯被剑吸引,从一群少女之中走出,想要购买那柄剑,因此露出破绽[①]。暴露身份的阿喀琉斯只好前往特洛伊参战。居住在斯库罗斯岛期间,阿喀琉斯与吕科墨得斯的女儿得伊达弥亚相恋。两人有一个儿子叫皮勒斯,又名涅俄普托勒摩斯。涅俄普托勒摩斯在特洛伊陷落之前不久也加入了讨伐特洛伊的战争。

●希腊远征军在奥里斯港集结　在种种耽搁之后,希腊远征军的舰队终于齐聚在尤里普斯海峡的奥里斯港。尤里普斯海峡是位于希腊半岛与埃维亚岛的哈尔基斯[②]之间的狭窄海峡。一千一百四十艘船和来自希腊各城邦的十万名士兵在奥里斯港集结。联军中的主要领导人有皮洛斯的涅斯托耳、埃托利亚的狄俄墨得斯、个人战斗力仅次于阿喀琉斯的特拉蒙之子埃阿斯、来自罗克里斯的厄琉斯之子埃阿斯。与特拉蒙之子埃阿斯不同,厄琉斯之子埃阿斯身材矮小,但行动敏捷,性情暴戾。其他著名的勇士还有帕拉墨得斯、奥德修斯、普洛忒西拉俄斯和阿喀琉斯的至交好友帕特洛克罗斯。

●第一次远征特洛伊及特勒福斯受伤将死　舰队直接从奥里斯港出发,前往特洛伊。由于领航员弄错了航行路线,舰队没有进入特洛伊海岸,而是在密细亚沿岸的铁乌特拉尼亚登陆。铁乌特拉尼亚国王特勒福斯是普里阿摩斯的女婿,是特洛伊的天然盟友。特洛伊人早就知道希腊人要打过来,所以已经将希腊人可能在铁乌特拉尼亚海岸登陆的消息告知特勒福斯,提醒特勒福斯为即将到来的战斗做好准备。因此,希腊人一登陆,立即遭到特勒福斯的迎头痛击,死伤惨重,不得不退回船上。这场战役让希腊远征军人心惶惶,处在覆灭的边缘。在这个关键时刻,对希腊人友好的铁乌特拉尼亚人巴克斯用葡萄藤绊倒特勒福斯。阿喀琉斯抓住机会,向摔倒俯伏在地的特勒福斯掷出了沉重的长矛。特勒福斯因此受伤,

---

① 见阿波罗多罗斯与斯塔提乌斯的作品。
② 哈尔基斯是希腊共和国埃维亚岛的一座小城,位于尤里普斯海峡最窄处。"哈尔基斯"这个名字源自希腊语——铜,但其实这里没有任何矿场的痕迹。——译者注

被抬出战场。而希腊人也灰心丧气地登船离开密细亚。需要补充的是,特勒福斯被阿喀琉斯的长矛刺中的伤口,是凡人无法治愈的①。绝望中,特勒福斯请阿尔戈斯的先知降下神谕。神谕显示,解铃还须系铃人,只有造成伤害的人才能治愈特勒福斯。不过,阿喀琉斯拒绝了特勒福斯的请求。但奥德修斯知道特勒福斯是赫拉克勒斯的儿子。如果没有这位半神之子的帮助,希腊远征军不可能攻下特洛伊。因此,奥德修斯劝告阿喀琉斯同意救治特勒福斯,以此换取特勒福斯的结盟。最终,阿喀琉斯被说服,将从自己长矛尖刮下的锈屑撒到特勒福斯的伤

阿喀琉斯为特勒福斯治疗伤口。
皮埃尔·布雷贝特(Pierre Brebiette,约1598—1642)绘

---

① 欧里庇得斯、阿波罗多罗斯等。

口,治好了特勒福斯。正如奥德修斯推测的那样,从此特勒福斯成为希腊人最坚定的盟友。

●希腊舰队返回奥里斯港　离开密细亚海岸后,希腊人(有时也称亚该亚人)的舰队遭遇了一场可怕的风暴。风暴吹散、摧毁了许多船。幸存者陆陆续续地返回奥里斯港,经过一番休整,准备重新出发。

整装待发的希腊人又遇到新的困难。因为海风一直逆着舰队前行的方向刮,舰队根本无法启航。就在希腊人焦急地等待风向转变时,一个奇怪的预兆出现了。一条蛇从祭坛下面游出来,爬上树,吞下树顶鸟窝里的九只雏鸟和母鸟。得到阿波罗赐予预言能力的著名先知卡尔卡斯告诉大家,蛇吞鸟的预兆与特洛伊战争的持续时间有关。希腊人注定要在特洛伊城前面扎营九年,到第十年才能攻破特洛伊城。

●伊菲格纳亚的命运　当希腊人的耐心即将被迎面而来的狂风耗尽的时候,先知卡尔卡斯告诉大家,逆风是阿耳忒弥斯的愤怒所化,因为阿伽门农杀死了阿耳忒弥斯最喜欢的母鹿。不知古希腊人是否朦胧地意识到,任何违反天神意志的行为,无论是有意为之还是无心之举,都必须受到惩罚?一人犯错,不分青红皂白牵连所有人?卡尔卡斯继续说,只有向阿耳忒弥斯献祭阿伽门农的女儿伊菲格纳亚[①](又名伊菲阿那萨),才能平息阿耳忒弥斯的怒火。伟大的阿伽门农,人民的国王,也不得不服从如此可怕的神谕。阿伽门农假称要将女儿伊菲格纳亚嫁给阿喀琉斯,然后哄骗妻子克吕泰涅斯特拉把伊菲格纳亚送到希腊远征军的营地。阿伽门农的欺骗让克吕泰涅斯特拉怀恨在心,并引发了一场复仇的悲歌。

得知自己即将被献祭,伊菲格纳亚发出声声悲叹,令人心生怜悯。最终,伊菲格纳亚高贵的灵魂、内心的尊严与荣耀、牺牲自我的英雄主义精神让她屈服于命运的安排。众神加诸凡人身上的命运是如此残酷!出于怜悯,阿耳忒弥斯在

---

① 见《伊利亚特》。

最后时刻，从献祭的刀下救了伊菲格纳亚，将她送往陶里斯岛①，并用一头雌鹿代替伊菲格纳亚献祭。伊菲格纳亚后来的命运此处不述。

　　阿耳忒弥斯在考验过阿伽门农对神的忠诚与服从后，终于不再阻挠舰队的启航。这次，厄立特利亚的西比尔②预言希腊人将获得战争的胜利。

---

① 见欧里庇得斯的作品。
② 即阿波罗，太阳神。

CHAPTER IV

第 4 章

阿喀琉斯的愤怒

THE WRATH OF ACHILLES

卡尔卡斯是希腊远征军的军师，同时是军中的大祭司。不过，他的预言常常十分残酷，根本不能鼓舞士气。在希腊人到达特洛伊之前，卡尔卡斯曾预言，第一个踏上特洛伊的人将成为第一个阵亡者。显然，必须有人为了大局牺牲自己，不但需要冷静地做出决定，还需要拥有伟大而高尚的灵魂付诸行动。也许有人质疑，是否存在这样一个人，愿意牺牲自己珍视的一切，牺牲今生明媚的阳光和绿色的田野及温柔的妻子和可爱的孩子，去换取冥界永恒的幽暗？

●普洛忒西拉俄斯不幸的命运　在希腊军队中，有这样一位拥有崇高理想和高尚自我牺牲精神的英雄——色萨利国王普洛忒西拉俄斯，把自己献给了伟大的远征事业。在大帆船靠岸后，希腊远征军清晰地记得卡尔卡斯的预言，虽然看到虎视眈眈的特洛伊人准备发动进攻，但仍然犹豫不决，不敢第一个踏上海滩。只有普洛忒西拉俄斯第一个大胆地跃上沙滩，被特洛伊人当场杀死。不过，冲上来的特洛伊人很快就被击溃，因为在阿喀琉斯的带领下，希腊人已经不再犹豫，纷纷下船加入战斗。在双方的第一次战役中，阿喀琉斯杀死了波塞冬的儿子库克诺斯。出身高贵、品格高尚的库克诺斯是特洛伊人的重要盟友。普洛忒西拉俄斯的妻子拉俄达弥亚是一个在各方面都与大英雄普洛忒西拉俄斯十分般配的优秀女子，得知丈夫的死讯，悲痛过度，自杀殉情[①]。

---

① 见维吉尔与奥维德的作品。

第4章　阿喀琉斯的愤怒

●**特洛伊人准备保卫家园**　在希腊人备战时，特洛伊人也为即将到来的战争做了充分准备，他们大量种植农作物，收割并储存起来。特洛伊国王普里阿摩斯派使者告知所有从属部落，必要时需向它们招募士兵，征集补给和武器。普里阿摩斯还与远近的盟友协商，在情况危急时请他们提供援助。因此，好几支来自小亚细亚和色雷斯的强大军队来到特洛伊。萨尔佩东[①]率领的吕西亚人，埃涅阿斯率领的达耳达尼亚人，还有卡里亚人、弗里吉亚人及培奥尼亚人等聚集在特洛伊城，协助特洛伊人，防止海伦被抢走。

●**希腊联军围困特洛伊**　入侵的希腊船队停靠在洛伊提昂海岬和西革翁海岬之间的一个小海湾。所有船都被拖上海滩，排成两排，因为这里不受爱琴海潮汐的影响。营地设在船的前方，每队士兵挨着自己的帆船。特拉蒙之子埃阿斯守卫靠近希腊远征军防线的一端，而阿喀琉斯则守卫另一端。在海滩第一次短兵相接后，特洛伊人退回城内，依仗城高墙厚，以守为攻。希腊人采取进攻战术。主帅阿伽门农派士兵向特洛伊坚固的城墙发起冲锋，想一举攻破特洛伊。但这次尝试以失败告终。希腊人只得改变战术，与特洛伊人打起了持久战、消耗战和围困战。直到木马入城，希腊远征军才再次正面强攻特洛伊。

●**前九年的战事**　因此，在长达九年的时间里，希腊人一方面努力自给自足，另一方面通过围困战削弱特洛伊的实力。为此，一些希腊士兵留在海滩保卫舰队，另一些希腊士兵前往切索尼山谷种植粮食[②]，其他希腊士兵则被派去攻打特洛伊周边的部落。这些部落要么是特洛伊的附庸，要么是特洛伊的盟友。希腊人希望通过攻打这些部落筹集足够的粮食，同时切断普里阿摩斯的补给，耗尽特洛伊城内的物资，那么特洛伊自然不攻自破。设想很美好，但并没有完全成功，因为普里阿摩斯常常能够得到来自远方盟友的补给。在希腊人围困特洛伊的第九

---

① 根据《伊利亚特》，萨尔佩东是宙斯和拉俄达弥亚的儿子，在特洛伊战争中站在特洛伊一边。——译者注
② 见修昔底德的作品。

年结束时，双方依旧实力相当。围城期间，战斗时有发生，有时是两个勇士之间的比斗，有时是双方战阵的冲锋式拼杀，但从来没有任何决定性的胜负。

阿喀琉斯体格健壮，性格傲慢霸道，武力超群，未有敌手，当仁不让地成为掠夺队队长。他率领掠夺队袭击并烧毁了包括佩达索斯、利姆诺斯、忒拜在内的二十三个内陆及沿海小镇。他还率领一支舰队蹂躏了密细亚和莱斯沃斯岛的大片土地。在掠夺队疯狂的进攻下，埃涅阿斯的领土受毁严重。普里阿摩斯的好几个儿子被俘，被卖为奴隶。以俊美闻名的特洛伊路斯年纪轻轻就惨遭杀害。据说，在这段掠夺战期间，阿喀琉斯曾强烈渴望与海伦见上一面。海伦是公认的美人，是美与爱的化身，而希腊第一勇士阿喀琉斯希望一睹芳容，无可厚非。

特洛伊路斯惨遭杀害。
戈登·布朗（Gordon Browne, 1858—1932）绘

第 4 章 阿喀琉斯的愤怒

希腊人和特洛伊人的战争激烈进行时，海伦和两个同伴在特洛伊城墙上踱步。
弗雷德里克·莱顿（Frederic Leighton，1830—1896）绘

另据记载，忒提斯和阿佛洛狄忒曾安排阿喀琉斯与海伦见面。乔治·格罗特认为"如果由荷马来描写阿喀琉斯与海伦的会面，一定非常精彩"。

●导致特洛伊陷落的危机来临　九年围困战期间，双方始终旗鼓相当。在没有决定性事件出现前，人们被虚假的安全感所惑，甚至认为战斗和休战轮换的平衡会持续下去。但暴风雨的种子早已悄悄埋下，准备以十倍威力发挥出来。消耗战看起来漫长无期，但在势均力敌的战斗间隔中，危机正在酝酿，并在暴发后的几个月内，导

致特洛伊的陷落。在攻陷吕耳涅索斯时,阿喀琉斯率领的掠夺队俘虏了布里塞伊斯(又叫希波达弥亚)。布里塞伊斯的父亲是佩达索斯宙斯神殿的大祭司。在希腊人的这次袭击中,布里塞伊斯的丈夫米尼斯被杀。因为布里塞伊斯容貌出众、远近闻名,阿喀琉斯疯狂地爱上了她,并把她留在自己的营帐里。布里塞伊斯毫无怨言地接受了自己的命运。阿喀琉斯对布里塞伊斯的炽热情感,引发了希腊远征军的一个大事件。

●**克律塞伊斯与布里塞伊斯被俘** 掠夺忒拜的战役中,阿喀琉斯又俘获了一个可爱的少女,叫克律塞伊斯(又叫阿斯蒂诺梅)。克律塞伊斯的父亲是赫里萨的阿波罗

阿喀琉斯与布里塞伊斯。
温塞斯拉斯·霍拉尔(Wenceslas Hollar, 1607—1677)绘

第 4 章 阿喀琉斯的愤怒

神殿的祭司克律塞斯。克律塞伊斯出现在忒拜的原因可能有两个：要么是克律塞伊斯认为忒拜比赫里萨更安全，要么是克律塞伊斯到赫里萨参加狩猎女神阿耳忒弥斯的庆典[①]。"人民的国王"阿伽门农被气质独特的克律塞伊斯深深吸引。虽然古希腊实行一夫一妻制，但根据当时的习俗，男性可以从俘虏中挑选中意之人作为自己的情人。不过，以克吕泰涅斯特拉为例，她认为阿伽门农将卡桑德拉带回迈锡尼是对自己极大的羞辱。由此可见，女性并不认同这一习俗。

● 克律塞斯恳求希腊人归还克律塞伊斯　克律塞斯和女儿克律塞伊斯感情深厚，无法接受失去女儿的痛苦。因此，他冒险进入希腊人的营地，恳求希腊人归还克律塞伊斯[②]。克律塞斯手执金杖，杖上缠着代表自己祭司职位的橄榄枝，手里握着献给阿伽门农的赎礼。

阿特柔斯之子阿伽门农和墨涅拉俄斯将所有首领召集到自己的营帐，听取克律塞斯的陈述。克律塞斯言辞恳切，请求阿伽门农归还自己晚年才生下的孩子。克律塞斯表示，如果希腊人宽宏大量释放克律塞伊斯，阿波罗将为希腊人提供庇佑，确保希腊人进攻特洛伊的事业获得成功并平安返回家园。但阿伽门农愤怒地拒绝了克律塞斯的请求，并命令克律塞斯立刻离开希腊营地。克律塞斯无功而返，满心沮丧，沿着沙滩缓慢地向前走，耳边是滚滚的海浪之声。克律塞斯一边走，一边抬起流泪的双眼看向天堂，恳求阿波罗为自己报仇雪恨。

● 阿波罗带给希腊人瘟疫　阿波罗对克律塞斯的呼喊做出了回应，给希腊人的营地送去一场毁灭性的瘟疫，导致大量人畜死亡。荷马史诗也有希腊远征军此次灾难的记载。不过，根据古希腊诗人施塔西鲁的《塞浦路亚》，宙斯同情特洛伊人，所以降下瘟疫惩罚希腊人。显然，施塔西鲁的说法与前文提到的宙斯的清洗世界计划相悖。

● 卡尔卡斯的建议　瘟疫让希腊人几乎陷入绝境，只好请求大祭司卡尔卡斯询问

---

① 见《伊利亚特》。
② 见欧斯塔提乌斯的作品。

神谕。神谕显示，只有将克律塞伊斯还给她的父亲，才能平息阿波罗的怒火。

无可奈何的阿伽门农只能接受神谕，但心中不悦，甚至指责卡尔卡斯暗中与自己为敌。阿喀琉斯支持卡尔卡斯，谴责"人民的国王"阿伽门农为了一己私欲，招来了瘟疫。阿伽门农表示，如果必须将克律塞伊斯还给克律塞斯，那么布里塞伊斯将代替克律塞伊斯成为自己的女奴。

●阿喀琉斯的愤怒　女奴布里塞伊斯被阿伽门农夺走后，阿喀琉斯怒发冲冠，甚至拔出长剑要杀死阿伽门农。但雅典娜阻止了愤怒的阿喀琉斯。最终，阿喀琉斯选择退出联军，撤退到高喙的船上与好友帕特洛克罗斯及忠于他的米尔弥冬人待在一起。阿喀琉斯的母亲忒提斯因阿喀琉斯遭受的侮辱感到委屈，请求宙斯为阿喀琉斯报仇，宙斯同意了。阿伽门农强抢阿喀琉斯女奴的命令，没有招致其他首领的反对，而是得以顺利执行。这充分表明即使在那个野蛮而动荡的年代，人们对于地位更高者也具有高度的服从性。

CHAPTER V

第 5 章

墨涅拉俄斯与帕里斯的战斗

COMBAT OF MENELAUS AND PARIS

●战斗再次变得激烈 对希腊人而言,阿喀琉斯的退出是灾难性的。阿喀琉斯性格坚毅,战斗力无可匹敌,率领掠夺队在特洛伊平原大肆劫掠、杀戮,让特洛伊人只能避其锋芒,不敢出城应战。

困守城中的特洛伊人很快发现入侵者发生了内讧,并抓住机会,让胜负的天平向己方倾斜。希腊远征军中有许多勇猛的士兵,如特拉蒙之子埃阿斯、狄俄墨得斯和墨涅拉俄斯,但他们的战斗力都不如特洛伊的赫克托耳、埃涅阿斯、波吕达摩斯和萨尔佩东,甚至连帕里斯都比不上。特洛伊人加快召唤更多援军,准备乘着希腊人内讧,一举击溃希腊远征军。一场大战即将在西摩伊斯河和斯卡曼德洛斯河之间的平原拉开序幕。

●阿伽门农梦中获得启示后召集全军准备攻城 与阿喀琉斯发生冲突后不久,阿伽门农梦见自己率军取得了战争的胜利,攻破了特洛伊。阿伽门农清楚地知道宙斯向忒提斯承诺要惩罚希腊人。此时,希腊营地内正有可怕的瘟疫肆虐,最勇猛的士兵阿喀琉斯拒绝参战,其他士兵皆垂头丧气,显然不是发动强攻的好时机,但阿伽门农依然决心将自己梦中的胜利变成现实。他召集全军,向士兵们下达攻城的命令,并解释了自己的作战意图。

当无数飞鸟、大雁,

白鹤，或是脖颈修长的天鹅，在亚细亚草原上，

在凯斯特河边，飞过这，飞过那，

扇动翅膀，嬉戏玩闹；

停下来后，大声啼鸣，在草原四处回响；

斯卡曼德洛斯草原上也是如此，从营帐到船上，

涌入无数部族，人踩马踏下，

大地在轰鸣。

他们站在开满鲜花的斯卡曼德洛斯草原上，

周围是无数的绿叶红花，

犹如成群的苍蝇，

在春季时，聚集于牛棚，

围绕装着温热牛奶的木桶飞舞；

草原上站着长发的希腊人，人数如此众多，

要把特洛伊人消灭殆尽；

如经验丰富的牧人，当自己的山羊

与牧场中的羊群混杂在一起，

能非常轻易地将他们分开，

正如首领们将士兵们整编，

准备战斗，而此时

伟大的国王，阿伽门农和他们在一起。[1]

然而，"人民的国王"阿伽门农发现士兵们已经厌倦了战争，士气低落。事实上，只有奥德修斯、涅斯托耳这样的智者才能让士兵们重新振作起来，摆脱思乡

---

[1] 见德比伯爵译本。

之情，重燃斗志。

多言好斗的忒耳西忒斯煽动叛乱，让局势变得更加混乱。奥德修斯挺身而出，击退忒耳西忒斯，平息了叛乱。伊萨基国王奥德修斯用精彩的演讲唤醒了希腊人骨子里的战斗热情，激励士兵投入即将到来的战斗。《伊利亚特》关于希腊和特洛伊参战部落和战船的描述是荷马不朽诗歌中最精彩的片段之一。显然，荷马对地中海东部的地形非常熟悉[①]。

听完奥德修斯的精彩演说，士兵们报以热烈的欢呼。阿伽门农当机立断，再次下达全面进攻的命令。同一时间，特洛伊国王普里阿摩斯和盟友们也召开了一次战前会议。

以下是荷马在《伊利亚特》中对参战各部和普里阿摩斯获悉希腊人进攻的描述：

> 这些就是希腊人的首领和君主；
> 啊，缪斯，请告诉我，跟随阿特柔斯的儿子阿伽门农
> 前来的人与马中，哪些士兵最勇猛，哪些马最神骏。
> 最好的马是由欧墨洛斯驾驭，
> 阿特柔斯的儿子牧养的马。
> 它们迅捷如飞鸟，年龄与毛色相同；
> 身高相仿，背高相同；
> 它们都是牝马，由银弓之神阿波罗
> 牧养于皮埃里亚，是战场上令人恐惧的存在。
> 最勇猛的士兵是特拉蒙之子埃阿斯。
> 阿喀琉斯与为其拉战车的两匹马

---

① 见《伊利亚特》第2卷。

第 5 章　墨涅拉俄斯与帕里斯的战斗

本是最强的，
但现在他待渡海的弯船之间，
心中满是对阿特柔斯之子阿伽门农的怒气；
阿喀琉斯的士兵在岸边投掷铁饼、标枪，拉弓射箭，消磨时间；
他们的马
站在车旁，吃着沼泽里的苜蓿和欧芹；
精心制作的战车都在士兵们的营帐里，无人理会；
士兵们，内心渴望与自己战神一般的长官一起作战，
但现在只能四处游荡，并不上前线参加战斗。

整支军队，仿佛吞噬一切的大火，
燃烧着这片土地，脚下的大地发出呻吟：
就像发怒的雷神宙斯，
踏过阿里米的大地，
据说，当时堤福俄斯①就睡在下面。
大军前进，大地轰鸣，
迅速踏过平原。

手持大盾的宙斯派遣
迅捷如风的信使伊利斯
向特洛伊人带来了一个可怕的消息。
此时，他们正在普里阿摩斯的住处闭门开会，
老老少少，所有特洛伊人。

---

① 堤福俄斯又叫提丰，是古希腊神话中最强大、最可怕的怪物。他是盖亚和塔尔塔洛斯的儿子，与宙斯争夺统治权，但被打败。——译者注

捷足的伊利斯站在他们中间，
用普里阿摩斯的儿子波利蒂斯的声音说话。
波利蒂斯是特洛伊人的哨兵，对自己的速度颇有自信，
站在埃叙埃忒国王陵的最高处，
等待希腊人的船靠岸。
伊利斯伪装成波利蒂斯的声音，说：
"老国王，与和平时期一样，你总是喜好
没完没了的商谈；但可怕的战争就要来了。"

"我曾多次参加两军对垒的战斗场合，
但从未见过如此数量，如此雄壮的人马：
数量如同树叶、沙粒那样多，
踏过平原，向着特洛伊进军。
赫克托耳，我告诉你，
你要这样做：城内的盟军将领
他们来自不同的城邦，说着不同的语言，
让他们对下属的士兵发出命令，
带着自己的同胞，列成战列。"伊利斯这样说。
赫克托耳知道这是女神伊利斯的话。
大会解散，众人奔向武器。
城门大开，步兵车马汹涌而出；
巨大的吼声，响彻云霄。

特洛伊城外有一座高耸的山岗，
矗立在平原之上，两边地势开阔；

第 5 章　墨涅拉俄斯与帕里斯的战斗

凡人称其为"巴提埃亚";
但天神称其为"阿玛宗人米里纳之墓";
特洛伊人和自己的盟军在这里列队。

戴着闪亮头盔的伟大的赫克托耳
普里阿摩斯之子,率领特洛伊人:
他们组成最庞大、最勇敢的军队,
手舞长矛,跟随赫克托耳。

英勇的埃涅阿斯,安喀塞斯的儿子,
率领达耳达诺斯人;
他是在伊达山山林间,
由女神阿佛洛狄忒与安喀塞斯所生,
女神与凡人的爱情结晶:
和埃涅阿斯一起的还有善战的阿尔基洛科斯
和阿卡玛斯,他们是安忒诺耳的两个儿子,勇敢无畏。
萨尔佩东和勇敢的格劳科斯
带着吕西亚人,来自遥远的吕西亚河边,
与克珊托斯河充满涡流的河畔。①

●**帕里斯要求单人决斗**　双方士兵列队集结,面对面互相靠近,屏息静气等待即将到来的战斗。帕里斯——《伊利亚特》中称其为"亚里山德罗斯"——大胆地走到对立的阵线之间②。帕里斯的肩上披着一张豹皮,手里握着两柄长枪,用之敲击

---

① 见德比伯爵的译本。
② 见《伊利亚特》。

手臂上的盾牌，发出叮叮当当的响声，引起了对阵双方所有人的注意。帕里斯大声向希腊人发出挑战，让希腊人派出一名士兵与自己决斗，并以决斗的结果决定战争的胜负。

看着场中的帕里斯，墨涅拉俄斯跳下战车，一边咒骂对方，一边冲出队列，要接受帕里斯这个无耻之徒的挑战。但帕里斯躲进特洛伊士兵之中，不肯应战。可能是帕里斯良心不安，不敢面对墨涅拉俄斯，毕竟在整个特洛伊传说中，没有其他证据表明帕里斯是个懦夫。

赫克托耳发现，帕里斯突如其来的怯懦行为让己方士气低落，必须立刻做出补救。因此，赫克托耳严厉地斥责了帕里斯。被斥责的帕里斯此时才意识到，自己刚刚犯了严重的错误。他虚心接受赫克托耳的批评，并宣布已经做好与墨涅拉俄斯决斗的准备。为了使决斗的结果更加具有约束力，帕里斯建议双方订立契约，共同遵守契约。

●帕里斯与墨涅拉俄斯决斗　见帕里斯重新扬起了斗志，赫克托耳感到十分欣慰，然后向墨涅拉俄斯转告了帕里斯的建议。墨涅拉俄斯欣然同意。双方士兵听到消息也都非常满意，因为在这场即将开始的决斗中，大家看到了结束战争、回归和平的希望。

●双方订立契约　首先，迈锡尼国王阿伽门农和特洛伊国王普里阿摩斯需要一起向天神献祭，认可契约的有效性。一位行动迅速的传令官立刻前往特洛伊王宫请普里阿摩斯到战场中间。得知最心爱的儿子帕里斯即将进行一场生死决斗，暮年的普里阿摩斯几乎情难自已。然而，面对决定特洛伊命运的契机，普里阿摩斯还是登上战车，来到对阵的两军之间。阿伽门农、奥德修斯和赫克托耳正在等待普里阿摩斯的到来。用以献祭的羔羊有特洛伊人准备的一黑一白两只，还有希腊人的一只。除此之外，还有盛在双耳陶瓶中的酒及一个金杯，用来奠酒敬神。

●决斗前的献祭仪式　普里阿摩斯到来后，传令兵将酒倒在阿伽门农和普里阿摩斯两位国王的手上。随后，阿伽门农割下被献祭羊羔头上的羊毛，分给所有在场的人,并大声祷告道:"啊,最强大的主宰,不朽的天神宙斯啊,所有统治这片广袤圆形大地的神啊,远方周而复始升起的太阳啊,洪水的主宰啊,在冥界一视同仁、向口出伪誓的死者报复的神啊!请为我们的誓言和盟约作证。如果墨涅拉俄斯倒在帕里斯的长枪下,就让特洛伊人占有海伦和她的财产,所有希腊人立刻离开特洛伊返回希腊。如果帕里斯被墨涅拉俄斯的长枪刺死,那就请强大的墨涅拉俄斯带走海伦和她的财产,让后人永远记得!但如果帕里斯倒在地上,而特洛伊人拒绝交出海伦,那么我要重新拔剑,用血战证明谁才是最后的胜者!"

祷告之后,两位国王饮用了同一个金杯中的酒,并且将杯中剩余的酒倒在地上,向天神宙斯祭奠,同时发出恶毒的诅咒:"诸神啊,要是谁先破坏盟誓,愿他们的鲜血如同这些酒流在地上,愿他们的妻子无家可归,他们的族群彻底灭亡!"

祭礼之后,普里阿摩斯直言自己年迈,起身返回特洛伊城内。听闻希腊与特洛伊正在举行祭礼仪式,海伦意识到自己引发的大战即将到来。为此,她感到痛苦不堪,心中充满了悔恨、焦虑和希望的复杂情绪。最终,她只好退回自己的住处,通过织锦来排解内心的煎熬。此时,诸神信使伊利斯前来告诉海伦,墨涅拉俄斯和帕里斯即将进行一场生死决斗,谁获得胜利,谁就是她的丈夫。

●海伦前往城门观战 曾经的斯巴达王后海伦,匆匆起身,在头上蒙上面纱,跟着伊利斯向外走去。海伦历尽千帆,但依旧不染风尘,气质优雅而高贵。当她走近斯开埃城门时,那些由于年迈无法参加战斗、坐在城门石头台阶上说着闲话的特洛伊长者也不禁发出赞叹之声。

城门附近有一条狭窄的楼梯,通往城墙上的望楼。拾级而上,穿过正在城墙上观战的妇人和孩子,海伦来到望楼,看向战场。战场中的许多希腊英雄,海伦都认得,因为他们曾到斯巴达向自己求婚。站在城墙望楼上,海伦逐一为普里阿摩斯介绍自己认出的希腊英雄。从这一细节可以得知,双方对阵之地距离特洛伊城非常近,可以被肉眼直接看到。

●关乎海伦命运的决斗 决斗开始前,赫克托耳和奥德修斯划出一片地面作为决斗的场所,再把决斗的阄放在头盔里摇动,用来决定谁先投掷长枪。赫克托耳转过头去,并摇动头盔。跳出的是帕里斯的阄。诸神就是如此反复无常。明明是阿佛洛狄忒授意帕里斯前往斯巴达带走海伦,但当帕里斯需要用决斗实现阿佛洛狄忒对自己的承诺时,阿佛洛狄忒却对其不闻不问。墨涅拉俄斯和帕里斯走出队列,进入划好的场地。帕里斯将长枪高举过头顶,向前冲锋,猛地将长枪投向墨涅拉俄斯。枪尖击中了墨涅拉俄斯的圆盾,随即掉落在地。

●决斗的结果 轮到墨涅拉俄斯投掷时,他先是向天神祈祷,后举着长枪向着帕里斯掷了出去。长枪刺穿了帕里斯的盾牌,击中了帕里斯的胸甲,让帕里斯的大腿受了轻伤。帕里斯还没来得及站起身来,墨涅拉俄斯猛扑过去,手中挥舞长剑,击中帕里斯的头盔,剑刃破为碎片。墨涅拉俄斯口中发出一连串咒骂之声,抓住帕里斯的盔顶,猛然将帕里斯扑倒在地。如果不是阿佛洛狄忒女神及时赶来帮助帕里斯,弄断头盔的带子,帕里斯就要被墨涅拉俄斯拖到希腊人那边杀死。被尘土和血污模糊了双眼的帕里斯,从地上跳起来,徒劳地向墨涅拉俄斯投掷了飞镖,然后躲进特洛伊人的队列中。回到自己宫殿的帕里斯躺在海伦的怀抱里,羞于见人。海伦虽然责备帕里斯的软弱,但依然对帕里斯情根深种。

CHAPTER VI
第 6 章

突袭希腊人营地
STORMING OF THE GREEK CAMP

决斗的胜负已定，希腊人与特洛伊人都以为海伦和她的财产会按照约定归还墨涅拉俄斯。阿伽门农走到特洛伊人的队列前，要求特洛伊人履行誓言。与此同时，奥林匹斯山诸神也正讨论特洛伊人是否会履行和希腊人之间的协议。

●诸神商讨特洛伊的命运 因为金苹果事件，赫拉一直厌恶特洛伊，央求宙斯务必摧毁伊利昂。得到宙斯的应许后，赫拉派雅典娜前往战场，阻止特洛伊人履行约定。如果特洛伊人依约归还海伦，那么希腊人就会撤兵，让特洛伊逃过毁灭的命运。

●潘达洛斯背信弃义 就在希腊和特洛伊商讨如何履行协议的时候，受到雅典娜唆使的泽莱亚人（特洛伊的盟友之一）首领潘达洛斯，从箭筒中抽出箭，射向毫无防备的墨涅拉俄斯。箭矢被斜挂的肩带挡住，只是擦伤了墨涅拉俄斯的胸部肌肉，没有造成致命伤。泽莱亚士兵也在潘达洛斯的命令下张弓搭箭，瞄准希腊人射击。和平的希望就此破灭。愤怒而悲伤的赫克托耳和阿伽门农只能各自返回。

●大战再起 因为潘达洛斯的背信弃义，大战再起。希腊人群情激昂、势如破竹，将特洛伊人逼退到特洛伊城墙下。赫克托耳见形势危急，出言提醒特洛伊士兵，战无不胜的阿喀琉斯没有参战，并且此时烈日高悬，夜幕降临前己方仍有机会反败为胜。虽然赫克托耳让特洛伊士兵重新振奋精神，但潘达洛斯和泽莱亚

第6章 突袭希腊人营地

士兵都已被杀,特洛伊在兵力上处于劣势。于是,赫克托耳听从祭司赫勒诺斯的建议,请特洛伊王后赫卡柏和其他贵族妇女前往雅典娜神殿请求女神庇佑。

双方短暂休兵期间,士兵们靠在武器上休息。赫克托耳返回特洛伊城内,遇到特洛伊士兵的家人询问自己的丈夫、儿子和兄弟的消息。赫克托耳谨慎地回答说,战事未决,必须向神祈祷。随后,赫克托耳找到自己的母亲赫卡柏,向她做最后的告别。赫卡柏恳求赫克托耳卸去盔甲,并为他端来蜜酒。但赫克托耳说:"母亲,士兵不可饮酒,以免在战斗中失去力量。请您带上那件神圣的袍子,带领贵妇们,前往雅典娜神殿。而我要去找帕里斯,让他在这场危机中承担起自己的责任。"

●**赫克托耳最后的安排** 赫克托耳走进帕里斯和海伦的宫殿,将手中一根长十二腕尺的长枪狠狠地插在铺砖的地面上,大声说道:"帕里斯啊,现在是你向特洛伊撒气的时候吗?难道你一定要这样逃避,让特洛伊人心灰意冷吗?你忘了特洛伊人流血牺牲都是因为你吗?难道你对特洛伊人为你承受的灾难没有一丝感激

赫克托耳叮嘱帕里斯,并劝他回到战场。
J. H. W. 蒂施贝因(J. H. W. Tischbein,1751—1829)绘

之情吗？如果你不想看到特洛伊城陷入火海，如果你不想自己的名字被永远钉在耻辱柱上，请拿起你的长枪，协助我击退敌人。"

●帕里斯对赫克托耳责备的回应 "啊，赫克托耳，我的哥哥，你说的都是对的。"帕里斯答道，"但如果你认为我对伊利昂的命运漠不关心，你就错了。我并没有怨恨特洛伊人。我只是郁郁不乐，才躲避人们的视线，而你从不知愁为何物。我的妻子也在温柔地催促我前去作战。我会回到战场！我会跟随你！"

●赫克托耳与安德洛玛刻告别 离开帕里斯的宫殿，赫克托耳前往位于帕加姆斯另一端的自己的宫殿，寻找妻子安德洛玛刻，却被告知安德洛玛刻因为担心丈夫的安危，已经带着孩子阿斯堤阿那克斯前往城墙望楼观战。赫克托耳只好返回斯开埃城门。他迅速穿过一条条街道，在城门望楼上找到安德洛玛刻。

安德洛玛刻看到自己的丈夫时，发出惊呼，满心欢喜。此时，赫克托耳这位肩负特洛伊命运的冷峻士兵——神谕说只要赫克托耳活着，特洛伊就是安全的——暂时放下心中的忧虑，竭力安抚不安的妻子。安德洛玛刻对赫克托耳说，阿喀琉斯洗劫忒拜城时，自己的家人都死了，只有自己逃出生天，但从此孤苦无依，幸有赫克托耳爱她，娶她为妻。安德洛玛刻恳求赫克托耳不要再前往战场，自己和孩子需要他，并且只要赫克托耳是安全的，特洛伊城就牢不可破。

但赫克托耳对安德洛玛刻温柔地说，无论是为了个人的荣耀，还是为了特洛伊的荣耀，自己都不能逃避战斗。其实，赫克托耳已经预见到自己即将到来的死亡、特洛伊城的陷落及自己深爱的妻子的命运。仿佛是为了摆脱预言的阴影，赫克托耳伸出双臂要拥抱自己的孩子。但阿斯堤阿那克斯被赫克托耳头盔上的鬃毛吓到，转头躲进侍女的怀抱。赫克托耳微笑着看了看安德洛玛刻，放下头盔，抱起孩子。赫克托耳深情地亲吻着孩子，祈求上天看护阿斯堤阿那克斯，让他成为比自己更伟大的勇士，成为特洛伊的保卫者，为安德洛玛刻带去慰藉。赫克托耳把孩子递给侍女，然后向哭泣的安德洛玛刻做最后的告别。泪如雨下的安德洛玛刻带着孩子返回自己的宫殿。

第 6 章　突袭希腊人营地

此时，帕里斯也从后面赶来。兄弟二人迅速地跑向城外平原。多年前就在这片平原上，帕里斯和赫克托耳曾在竞技比赛中相互竞争，争夺黑色的公牛。赫克托耳与祭司赫勒诺斯商量后，一致认为特洛伊士兵已经疲惫不堪，并且人数也不占优势，不宜继续与希腊人正面对抗。特洛伊士兵需要时间恢复体力和斗志。两人都认为由代战者的决斗结束这一天的战事是最可行的办法。因此，赫克托耳走到两军之间的狭窄空地，这引起了希腊人的注意。不过，在阿伽门农的命令下，希腊人保持了安静，要听听赫克托耳想说些什么。赫克托耳大声说出挑战的要求，让希腊人在太阳落山之前派出最勇敢的士兵与自己进行一场决斗。

●赫克托耳与埃阿斯的决斗　赫克托耳的勇敢让希腊人折服、畏惧。即使是最勇敢的希腊人都不敢接受赫克托耳的挑战。正当希腊士兵们犹豫不决时，被潘达洛斯的箭射伤的墨涅拉俄斯自告奋勇愿意出战。见此情景，年高睿智的皮洛斯国王涅斯托耳责备希腊士兵畏首畏尾不敢出战。羞愧难当之下，九个士兵站出来表示

皮洛斯国王涅斯托耳。
出自 18 世纪版画。绘者信息不详

愿意与赫克托耳决斗。九人各自对应的阄被投入一个头盔，摇动头盔。跳出的是特拉蒙之子埃阿斯的阄。特拉蒙之子埃阿斯是希腊军中体型和力量仅次于阿喀琉斯的士兵。赫克托耳和特拉蒙之子埃阿斯展开了一场殊死战斗，但两人势均力敌，一直到夜幕降临都未分胜负。传令官只好在两人之间举起法杖，让双方停止战斗。特拉蒙之子埃阿斯把自己的肩带取下来赠予赫克托耳，以示敬意，而赫克托耳也把自己的长剑回赠给特拉蒙之子埃阿斯。

●双方在夜里分别召开会议　当天夜里，希腊人在阿伽门农的营帐里召开会议。由于战事陷入胶着，未来渺不可知，涅斯托耳建议，在船停留的海滩周围建起高墙，并在墙外挖一条深沟作为防御工事。

●安忒诺耳建议归还海伦　而特洛伊人也在斯开埃城门附近的普里阿摩斯的营帐里开会。会上发生激烈的争执。在当天的战斗中，特洛伊人死伤惨重。因此，安忒诺耳认为应该立即将海伦和她的财产还给希腊人。安忒诺耳一直是主和人士，甚至被认为是亲希腊人士[①]。有可能是海伦被接连不断的灾难弄得精疲力竭，暗中怂恿安忒诺耳主和，毕竟这场灾难海伦难辞其咎。当然也有可能是海伦自己急于返回斯巴达。

●双方休战并为战死者举行葬礼　但安忒诺耳的提议遭到帕里斯的强烈反对。帕里斯宣称只要自己还活着，绝无交还海伦的可能。不过，帕里斯愿意交还海伦的财产，希望有所裨益。显然，帕里斯与海伦夫妻恩爱，交还财产已经是帕里斯的最大妥协。会议不欢而散。第二天，普里阿摩斯给阿伽门农派遣信使，表示愿意归还海伦的财产，询问希腊人是否愿意暂时休战以火化战死者。希腊人拒绝了海伦的财产，但同意暂时停战，祭祀死者。"人民的国王"阿伽门农说："我们并不吝惜为死者举办葬礼。"

●希腊人在营地周围筑起壁垒　双方用了三天时间来焚烧尸体。与此同时，希腊人深

---

① 见《奥德赛》。

第 6 章　突袭希腊人营地

挖壕沟，筑起壁垒。希腊人的壁垒十分坚固，以至波塞冬请宙斯在战争结束后将之摧毁，以免它的美名超过自己和阿波罗为特洛伊建造的城墙。

战斗在第四天重新打响。波塞冬掀起狂风暴雨，席卷战场。电闪雷鸣中，双方士兵发起冲锋。暴雨让西摩伊斯河和斯卡曼德洛斯河的水不断上涨，直至黄褐色的洪水溢出河岸。特洛伊人受到赫克托耳的激励，一鼓作气将希腊人赶回海滩的营寨附近。涅斯托耳所乘战车的一匹马被帕里斯射死。如果不是狄俄墨得斯及时发现并将涅斯托耳带离那辆战车，年迈的涅斯托耳必然命丧帕里斯之手。

当黑夜降临，双方休战。赫克托耳召集首领们开会，要求全军就地露营，随时准备投入战斗。

狄俄墨得斯与涅斯托耳。
路易·莫里茨（Louis Moritz，1773—1850）绘

赫克托耳这样说，众人齐声欢呼。
他们解开流汗的马儿的轭，
拴在自己的战车旁边；
他们很快从城里送来犍牛和肥羊，
从家里拿来让人心里甜蜜的葡萄酒
和面包，又收集许多柴，
平原上的风将香气送到天堂，
向天神献祭。
他们在两军之间的空隙上坐了整夜
心怀壮志，眼前是明亮的篝火：
天空中，星光闪烁，月光明亮，
大地无风，高耸的山峰，幽深的峡谷
无边无际的天空自最高处裂开，
所有星辰都在闪耀，牧羊人心生欢喜，
希腊人的船和克珊托斯河水之间，
特洛伊人在特洛伊城楼前的篝火也一样多，
成千的火堆在平原上燃烧，每堆旁
都有五十个人坐在火焰的光里，
马儿啃着金色的大麦，站在战车旁
等待黎明的到来。①

●**阿伽门农召集希腊诸城邦首领开会** 特洛伊人在平原守望的同时，阿伽门农召集希腊首领开会。现在的形势对希腊人非常不利。会上，阿伽门农建议放弃毫无希望的

---

① 见《伊利亚特》第13卷。

第6章　突袭希腊人营地

战争，返回希腊，但被其他首领否决了。他们派出以菲尼克斯为首的使团前往阿喀琉斯的营帐，用最谄媚的话语劝说阿喀琉斯出战。使团允诺阿喀琉斯，只要他扭转败局，不仅将阿伽门农的女儿嫁他为妻，还另赠他七座城。尽管阿喀琉斯知道自己任性的行为可能导致整个希腊远征军的覆灭，但他依然坚决拒绝帮助抢走自己心爱的布里塞伊斯的阿伽门农。

听闻使团失败而回，阿伽门农躺在榻上，心中焦虑不堪，难以入眠。思量再三，阿伽门农起身，前往首领们的住处，将他们从沉梦中唤醒，招呼他们到自己的营帐开会。阿伽门农说，赫克托耳并非天神后裔，却在一天内凭一己之力对希腊士兵造成如此巨大的伤害，必须想办法阻止赫克托耳，否则希腊远征军危矣。

涅斯托耳建议派间谍去特洛伊营地，侦察赫克托耳的计划。狄俄墨得斯自告奋勇，并邀请诡计多端的奥德修斯与自己同行。他们立即出发执行侦察任务。途中，一只鹭鸟在两人的右边发出啼鸣，带来吉兆。茫茫夜色中，他们小心翼翼地越过尸横遍野的土地，周围一片寂静，笼罩着哀伤的气氛。

●**赫克托耳派多隆去侦察**　赫克托耳同样召开了一次会议，并派多隆前往希腊人营地侦察。多隆将一张狼皮披在自己身上做伪装[①]，但他的伪装早已被狄俄墨得斯和奥德修斯识破。两人藏在路旁的一堆尸体后面，等多隆浑然不觉地从他们面前跑过，两人才跟了上去。听到身后的脚步声，多隆停下来，以为后面跟来的是特洛伊人。

●**多隆泄密及瑞索斯的骏马**　通过对多隆的仔细审问，狄俄墨得斯和奥德修斯得知特洛伊人在营帐周围派驻了哨兵。但特洛伊人的盟友因为利害关系较小，营帐周围没有派驻哨兵。多隆还告诉狄俄墨得斯和奥德修斯，在特洛伊人营地右边的尽头，驻扎着色雷斯国王瑞索斯的军队。瑞索斯刚刚带着军队远道而来，还带来了一对白如雪、疾如风的骏马。这对骏马的价值不可估量，因为先知曾预言，只要将

---

① 见《伊利亚特》及欧里庇得斯的作品。

狄俄墨得斯、奥德修斯和多隆。

博纳文图拉·杰内利（Bonaventura Genelli，1798—1868）绘

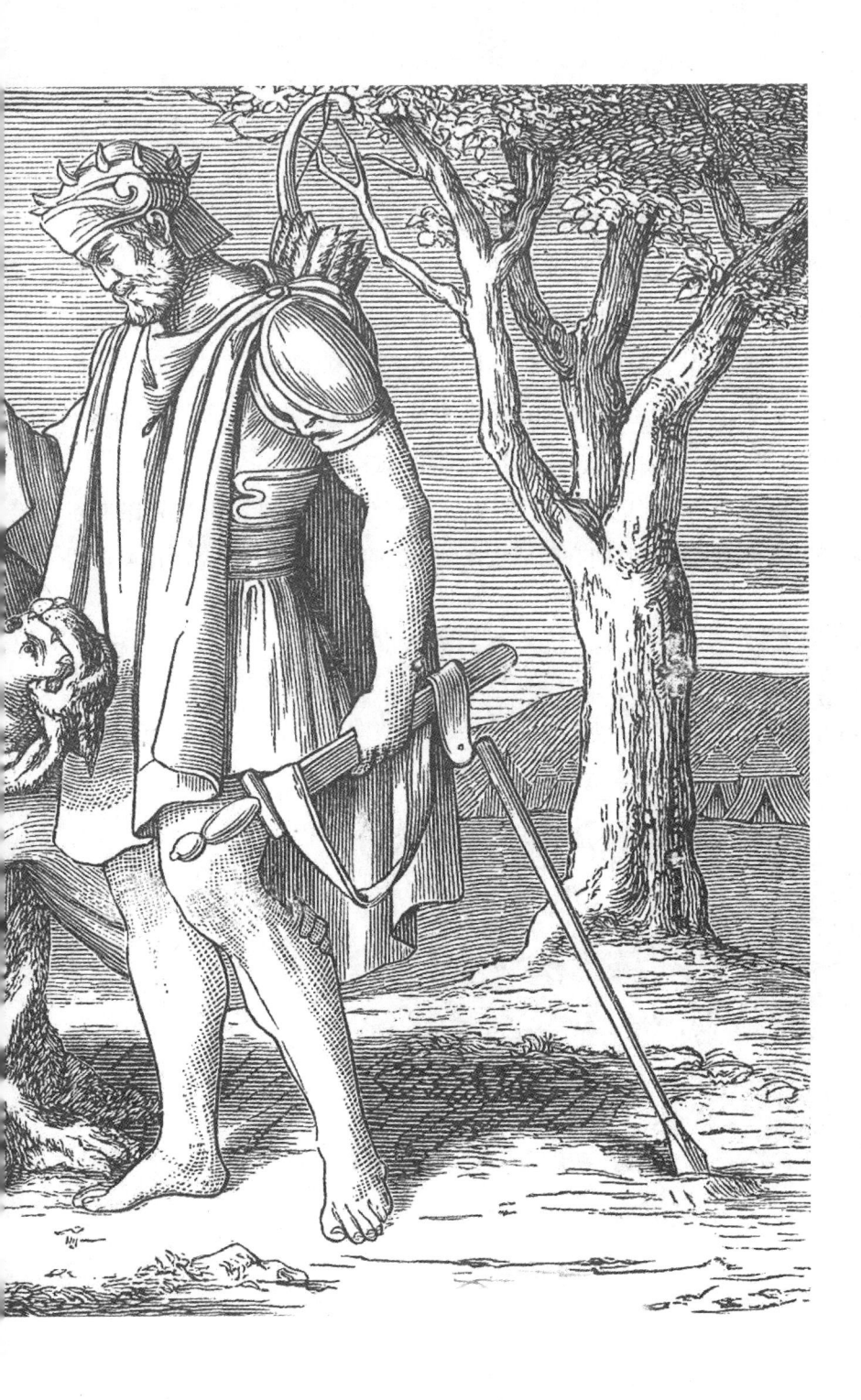

这两匹骏马放牧于特洛阿德草原，让它们饮过克珊托斯河的河水，特洛伊就永远不会陷落①。

得到情报后，狄俄墨得斯和奥德修斯挥剑杀死了多隆，并把多隆的武器献给雅典娜，祈求雅典娜给他们带来成功。正如多隆所说，瑞索斯在地上沉睡，神奇的白马被拴在战车上，随时准备出战。狄俄墨得斯小心翼翼地在沉睡的色雷斯人中穿行，砍杀了十二个色雷斯士兵。同行的奥德修斯则将色雷斯人的尸体拖到一边，空出道路，方便盗取神奇白马所拉的战车后驾车逃跑。杀死瑞索斯后，狄俄墨得斯和奥德修斯登上战车，向希腊人的营地方向疾驰。

特洛伊人在黎明时分发现瑞索斯被杀，一个个惊慌失措。但赫勒诺斯断言，特洛伊人还有足够的时间夺回瑞索斯的两匹骏马，喂给它们克珊托斯河的

狄俄墨得斯与奥德修斯杀死瑞索斯后，盗取神奇白马。
绘者信息不详。绘于19世纪

① 见《埃涅阿斯纪》。

第 6 章 突袭希腊人营地

狄俄墨得斯和奥德修斯盗得马后返回希腊人营地。
绘者信息不详。绘于19世纪

河水和特洛阿德草原的干草,足以保证特洛伊城的安全。这才避免了可能发生的恐慌。

对于《伊利亚特》不朽篇章中描述的战斗,这里不做赘述。简而言之,在狄俄墨得斯和奥德修斯的夜袭后,希腊人重新发起进攻。战斗中,阿伽门农受伤,被迫退出战场。赫克托耳抓住机会,率领特洛伊人组成严密的阵势,将战线不断向希腊人的营地推进。无力抵抗的希腊人只能退守到营地的壁垒后面。

●**赫拉迷惑宙斯** 见希腊人士气衰落,波塞冬伪装成卡尔卡斯的模样,前来激励希腊人,提升他们的斗志,让他们能顽强地继续与特洛伊人战斗。赫拉见希腊人被特洛伊人打得溃不成军,借了阿佛洛狄忒具有神奇魔法的腰带,让宙斯陷入自己爱的怀抱,沉沉睡去,放松了对战场的关注。在宙斯沉睡的时间里,青睐希腊人的诸神都在竭尽全力帮助希腊人。若非奥林匹斯山的统治者宙斯及时醒来,局势早已扭转。宙斯醒来后,发现自己的弱点被赫拉利用,怒不可遏,立刻将胜利天平向特洛伊人倾斜,让特洛伊人再次充满力量,进攻希腊人的营地。

战斗中，帕里斯重伤了狄俄墨得斯和希腊人的主医官玛卡翁。萨尔佩东和赫克托耳强行攻破了希腊人营地的一个门，打开一个缺口。特洛伊人乘胜追击，蜂拥而入，一直冲到船队前面。他们举着熊熊的火把，放火烧船。希腊人的船队危在旦夕。

● 帕特洛克罗斯奔赴战场　当火势蔓延到特拉蒙之子埃阿斯的船时，一直观战的阿喀琉斯知道，战争的决定性时刻已经到来。虽然阿喀琉斯依旧不愿亲自出战，但他听从涅斯托耳的建议，让好友帕特洛克罗斯穿上自己那套众人皆知的铠甲，伪装成自己，率领勇猛的米尔弥冬人前往救援。

在帕特洛克罗斯和米尔弥冬人出发之前，阿喀琉斯向宙斯献上祭酒，祈求宙斯庇佑帕特洛克罗斯从战场平安归来。阿喀琉斯还谆谆告诫米尔弥冬人，要英勇作战、无愧于心。就这样，斗志昂扬的米尔弥冬人奔赴战场。

一路高歌猛进的特洛伊人遭遇希腊人的拼死抵抗，此时早已精疲力竭。虽然看似胜利在握，一不小心就可能胜负逆转。赫克托耳被特拉蒙之子埃阿斯投掷的一块巨石砸中胸甲，但赫克托耳依然竭尽全力激励特洛伊士兵，为他们带来勇气。关键时刻，披挂阿喀琉斯耀眼铠甲的帕特洛克罗斯，驾着阿喀琉斯的战车，率领尚武的米尔弥冬人加入了战斗。

● 帕特洛克罗斯吓退特洛伊人　看到穿着阿喀琉斯铠甲的帕特洛克罗斯，特洛伊士兵以为阿喀琉斯来了，几乎吓破了胆，惊慌失措，转身就逃。尽管赫克托耳努力阻止，但一切都是徒劳，只好用自己宽大的圆盾保护队列后方。突如其来的反转让希腊人欣喜若狂。他们紧跟在溃逃的特洛伊人后面，展开追杀。许多特洛伊勇士倒在帕特洛克罗斯的长枪之下。希腊人只差一点就攻入特洛伊城，一举结束战争。特洛伊的萨尔佩东，《伊利亚特》中最纯洁无瑕、最无懈可击的英雄，就死在这场可怕的大战中。萨尔佩东出身高贵，母亲是宙斯与柏勒洛丰的女儿拉俄达弥亚。宙斯曾犹豫许久，不知是否该将萨尔佩东从战场救出，不让他被死亡的宿命笼罩。但最终，宙斯没有扰乱萨尔佩东的命运，派死亡之神将萨尔佩东的尸体运回故乡吕西亚。

●帕特洛克罗斯之死　赫克托耳将溃散的特洛伊人聚集到斯开埃城门，并和帕特洛克罗斯展开了战斗。战斗虽短暂，但异常激烈，为帕特洛克罗斯短暂而璀璨的生涯画上了句号。赫克托耳迅速剥下帕特洛克罗斯身上的铠甲。墨涅拉俄斯和特拉蒙之子埃阿斯为争夺帕特洛克罗斯已经残缺不全的尸体，与特洛伊人激烈战斗，不停地杀戮。得知好友帕特洛克罗斯战死，阿喀琉斯陷入巨大的悲伤和愤怒之中。他来到营寨的壁垒前面，大声为希腊人呐喊，鼓舞士气。特洛伊人听到阿喀琉斯的声音，心胆俱裂，不敢继续追击。直到此时，双方的厮杀才画上句号。最终，米尔弥冬人成功带回帕特洛克罗斯的尸体及阿喀琉斯的骏马和战车。

CHAPTER VII

第 7 章

赫克托耳之死

DEATH OF HECTO

得知帕特洛克罗斯战死，自己的铠甲被夺，珀琉斯之子阿喀琉斯匍匐在地，抓起地上的泥土撒在头上，痛哭出声，发泄内心的痛苦。阿喀琉斯的母亲忒提斯居住在深海洞穴中，是银足的海中仙女。听见儿子的哭声，忒提斯同自己的姐妹们一起从深海来到希腊营地附近。忒提斯一步步坚定地走到阿喀琉斯的帐前，安慰阿喀琉斯，虽然阿喀琉斯注定的死期即将来临，但一定可以手刃勇敢的赫克托耳。随后，忒提斯告诫阿喀琉斯不要贸然投入战斗，自己将为阿喀琉斯重新打造一副精美的铠甲，不亚于被夺走的那一副。

忒提斯让海中的姐妹们先返回深海，自己出发前往奥林匹斯山寻找匠神赫菲斯托斯。尽管赫菲斯托斯外表粗俗，但他锻造技艺精湛、非常富有，还娶了阿佛洛狄忒为妻。

●为阿喀琉斯打造铠甲　来到赫菲斯托斯锻造的宫殿，忒提斯受到热情的欢迎。赫菲斯托斯欣然同意为阿喀琉斯打造一套工艺卓绝、外观精美的铠甲。这副铠甲能够保护穿戴者抵挡敌人的长枪，直到阿喀琉斯命中注定的死亡到来。

赫菲斯托斯熔炼黄铜、银、锡和黄金，铸造了一面盾牌。盾面上雕刻了精致而巧妙的浮雕，有黄道十二宫，有风光秀丽的小镇，以及其他极具特色的装饰，锻造技艺完美。随后，赫菲斯托斯又依次完成了胫甲、头盔和胸甲。忒提斯亲自将铠甲拿给阿喀琉斯，并建议他出征前与阿伽门农和解。

第 7 章 赫克托耳之死

●**阿喀琉斯与阿伽门农和解** 阿喀琉斯虽然急躁，但愿意听从母亲忒提斯的建议。他一路向阿伽门农的营帐走去，经过其他首领的营帐和船时，大声招呼他们一同前往。众首领急切地想知道阿喀琉斯的计划，纷纷聚集到阿伽门农的营帐。为了给帕特洛克罗斯报仇，阿喀琉斯终于低下头，向"人民的国王"阿伽门农提出和解的请求。阿伽门农也承认自己对阿喀琉斯的所作所为是错误的，但同时声称自己当时受到命运女神与不和女神的影响，并给阿喀琉斯送上了昂贵的礼物作为补偿。更重要的是，阿伽门农把布里塞伊斯还给了阿喀琉斯，并向众神宣誓，从将布里塞伊斯掳至营帐到现在，自己从未侵犯过她。

两人和解后，阿喀琉斯准备立即向特洛伊人发起进攻，但奥德修斯劝道，士兵们已经精疲力竭，需要食物和休息，才能精力充沛地再次投入战斗。

●**与希腊人决一死战** 波吕达摩斯是特洛伊人中最谨慎、最睿智的领袖之一，也建议赫克托耳回城休整。因为特洛伊士兵人数较少，身心俱疲，加上阿喀琉斯重返战场的消息让他们内心恐惧，几乎不可能抵挡住希腊人的进攻。但赫克托耳对自己充满信心，不明智地决定不再推迟命运的最后裁决，要立刻结束战争。

●**克珊托斯的预言** 阿喀琉斯穿上忒提斯带来的铠甲，跳上了战车。两匹拉着双辕战车的战马分别是巴利乌斯和克珊托斯。驾马的奥托墨冬催动战马之前，叫克珊托斯的战马低下长颈，直到长长的鬃毛触到地面，说出了一个不祥的预言。这匹受到天神启示的骏马说，帕特洛克罗斯的死不是它们的错，命运是无可阻挡的。同样，命运注定，阿喀琉斯很快就要死去，前往冥界。

●**赫克托耳计划与阿喀琉斯决斗** 但阿喀琉斯意志坚定，没有因战马克珊托斯的预言心生畏惧。他率领希腊人的前锋，急切地冲向战场，要为自己的好友报仇，在胜利中迎接自己的宿命。阿喀琉斯所向披靡，第一次冲锋就将特洛伊军队一分为二。右翼数以千计的特洛伊人被赶进翻滚的斯卡曼德洛斯河，丢了性命。斯卡曼德洛斯河和西摩伊斯河的守护精灵前来帮助特洛伊人，掀起巨浪扑向阿喀琉斯。阿喀琉斯急忙跳出激流，奔上堤岸，躲避身后滚滚的浪涛。珀琉斯之子阿喀琉斯随即奔向平原，砍杀剩余的特洛伊人。特洛伊人惊慌失措，不顾赫克托耳的疯狂呼吁，从斯开埃城门涌入城内，就像被恶狼撵着的羊群。高傲的赫克托耳不屑于入城躲避，驾着战车独自一人留在城外。他沉着地斜倚在长枪上，平静地等待着阿喀琉斯的到来。阿喀琉斯早已宣称，自己有权为帕特洛克罗斯的死向赫克托耳复仇。

●强者之间的决斗　此时，赫克托耳仍然有机会体面地回到城内，避免正面与阿喀琉斯对战。他本应该回到特洛伊城内和其他人一起，抵御希腊人的攻击，直到援军到来。赫克托耳年迈的父亲普里阿摩斯和母亲赫卡柏悲痛得无法呼吸，靠在城垛上恳求赫克托耳，不要和一心复仇的阿喀琉斯正面对抗，从而赌上自己的生命、特洛伊城的存亡及亲人朋友的命运。毕竟赫克托耳经过连番战斗，无法对抗刚上战场精力旺盛的阿喀琉斯。赫克托耳的妻子安德洛玛刻不在城垛上，对赫克托耳面临的巨大危机一无所知。安德洛玛刻正在家里和侍女们忙碌着，为赫克托耳准备沐浴的热水。无以言表的悲观情绪笼罩着赫克托耳的亲友们。他们哀叹赫克托耳即将面临的恶战，恳求他退回城内。这让赫克托耳几乎失去继续等待的勇气，但士兵的荣誉感不允许赫克托耳因恐惧而退回城内避战。

在赫克托耳内心犹疑不定时，最高裁决者宙斯已经给赫克托耳和特洛伊人判了死刑——特洛伊城必须灭亡。此时，带着复仇之心的阿喀琉斯已经冲到特洛伊城下。除了迎战，赫克托耳再无其他选择。

●赫克托耳仓皇逃走　这时，奇怪的痛苦从赫克托耳心中油然而生，他突然意识到这场战斗自己必败无疑，于是立刻调转马头，仓皇逃走。阿喀琉斯驾车在后面紧紧追赶。他们跑过平原，穿过溪谷和河岸，再次来到斯开埃城门前。没有天神来拯救赫克托耳，高贵的赫克托耳只能独自面对命运。这可怕的命运！为何诸神赋予凡人生命，却眼睁睁看着凡人陷入无助，不肯伸手帮助他们，甚至掉转头来与他们作对，让他们的命运更加悲惨！命运真是个无解的问题！

●决斗双方的对话　赫克托耳终于在斯开埃城门前停下战车，准备迎接和阿喀琉斯的对决。当赫克托耳和阿喀琉斯相对着前进，互相逼近，赫克托耳说："阿喀巴利乌斯和克珊托斯。

亨利·瑞格诺（Henri Regnault，1843—1871）绘

琉斯啊,让我们在神面前立下誓言,如果我获胜,将你杀死,我会把你的尸体还给希腊人;如果你将我杀死,请允许我的父亲运回我的尸体,让他可以为我举办丧礼。"

但阿喀琉斯强硬地回应道:"我不与你这样的人订立契约,就仿佛狮子与野兔、狼与羔羊之间不可能有什么契约。我不会和你订立任何契约!我会杀死你,将你的尸体喂给秃鹫和豺狼。我的长枪将兑现我的话语。"

●赫克托耳的命运　阿喀琉斯说完,举起那十腕尺长的长枪,对着赫克托耳的头投了出去。赫克托耳低头弯腰躲过飞来的长枪,然后站直身体对着阿喀琉斯的盾牌投出自己的长枪,长枪击中盾牌,但匠神赫菲斯托斯锻造的盾牌让阿喀琉斯逃过一劫。随后,赫克托耳抽出长剑,冲向阿喀琉斯。阿喀琉斯的保护神雅典娜在危急时刻来到他的身边,为他送来了新的长枪。赫克托耳这才知道,自己被诸神抛弃了。阿喀琉斯却在神的帮助下,举起长枪,瞄准赫克托耳铠甲肩膀和脖颈的连接处用力投掷,长枪刺入赫克托耳的脖子,将他钉在地上。

阿喀琉斯杀死赫克托耳。
彼得·保罗·鲁本斯(Peter Paul Rubens,1577—1640)绘

第7章 赫克托耳之死

鲜血从赫克托耳口中汩汩流出。他喘息着说:"请倾听一个垂死之人的恳求,把我的身体交给我的父亲,让他为我举行安葬仪式,得享安息。"

阿喀琉斯吼道:"无论普里阿摩斯和他的老妻如何恳求,无论特洛伊人献上多少赎礼,我都不会让他们将你的尸体领走,给你举办火葬仪式!无数希腊士兵死在你的长枪之下!狗群会吞噬你的肉体,啃食你的骨头!"

●赫克托耳之死 "这就是你的本性,但你要知道,阿喀琉斯啊,你的死期也要到了。帕里斯和阿波罗会将你的灵魂送往冥界,永远徘徊在冥河岸边。"赫克托耳说完,闭上了眼睛,灵魂离开了肉体。此时,赫克托耳的尸体尚有余温。阿喀琉斯将赫克托耳的脚踝割开,用皮革缰绳穿过伤口,并把赫克托耳的双脚固定在战车上。随后,阿喀琉斯扬起马鞭,战马拖着赫克托耳的尸体绕着特洛伊城墙转了三圈①。城墙上响起了特洛伊人绝望的惊呼和赫克托耳亲属痛苦的哀号。安德洛玛

阿喀琉斯在特洛伊战争中把赫克托耳的尸体拖在战车后面。
出自1900年版一本书中的插图。绘者信息不详

---

① 见《埃涅阿斯纪》。但根据荷马史诗,阿喀琉斯直接拖着赫克托耳的尸体回到希腊人的营地。

刻听到喧闹声,心中有了不好的猜测。她冲到城墙边,看见战车飞驰,她心爱的丈夫赫克托耳的尸体被系在阿喀琉斯的战车后面拖着。经不住打击的她晕倒在侍女的怀里。

●帕特洛克罗斯的葬礼 双方停战三日。阿喀琉斯为好友帕特洛克罗斯举办隆重的葬礼。夜里,帕特洛克罗斯的灵魂出现在阿喀琉斯面前,言辞恳切,请阿喀琉斯尽快把自己埋葬,并要求将自己的骨灰与阿喀琉斯骨灰的合葬。阿伽门农派士兵前往伊达山为火葬仪式收集柴薪。希腊人将一捆捆的柴整齐码放,并在周围挖出一条壕沟。他们杀死一百匹马和十二个特洛伊俘虏,堆在柴堆四周,并将帕特洛克罗斯的尸体放在顶部,向焚尸堆泼洒油脂助燃。随后,阿喀琉斯剪下自己的一缕头发,放在死者手上,同时奠酒一杯,再一把火点燃了焚尸堆。北风之神波瑞阿斯和西风之神泽斐尔被请来帮助柴堆燃起熊熊大火,加速尸体的焚化。翌日清晨,帕特洛克罗斯的骨灰被收集起来,放进一个黄金罐子里。

帕特洛克罗斯的坟茔就在焚尸堆的附近。葬礼第三天,希腊人举办了一场葬礼竞技赛纪念帕特洛克罗斯。阿喀琉斯拿出丰厚的奖品邀请希腊诸首领参加拳击、投矛、摔跤、射箭、投壶、战车竞赛和赛跑等项目的竞技。比赛即将结束时,阿伽门农走上前去,要参与竞技。尽管阿喀琉斯性格傲慢,但也知道阿伽门农作为远征军的统帅,不适合参加比赛。出于礼貌,阿喀琉斯将头奖献给了"人民的国王"阿伽门农。众所周知,身为远征军统帅的阿伽门农地位崇高,实力强大,有资格获得头奖。这是《伊利亚特》中最动人的场景之一,显示了阿喀琉斯的良好教养。

火葬仪式安抚了帕特洛克罗斯的灵魂。集会随即解散,希腊人各自返回,沉沉睡去。但阿喀琉斯依旧悲痛万分,在床上翻来覆去无法入眠,只能诉诸暴力来发泄失去好友的愤怒情绪。在这段时间里,赫克托耳的尸体无人问津,任由风吹雨打,只有阿波罗细心地守护着赫克托耳的遗体,使其不腐烂。

夜深人静,无法入眠的阿喀琉斯站起身来,拖拽着赫克托耳尸体,沿着帕

第7章 赫克托耳之死

特洛克罗斯的坟绕行数圈,发泄怒气①。此后数天夜里,阿喀琉斯都如此疯狂行事,引起了奥林匹斯山诸神的注意。那些憎恨特洛伊人的天神支持阿喀琉斯,而其他天神则谴责阿喀琉斯侮辱尸体的行为。最终,宙斯被阿波罗恳切的言辞感动,派遣伊利斯到忒提斯处报信,让忒提斯转告阿喀琉斯,停止对赫克托耳尸体的无理凌辱,并且不得拒绝特洛伊人赎回尸体。伊利斯又给普里阿摩斯送信。此刻,普里阿摩斯正在自己的宫殿里,和家人哀悼赫克托耳的死亡。伊利斯劝告普里阿摩斯先放下悲伤,带着合适的赎礼前往阿喀琉斯的营帐。这是赫克托耳死后第十二天的事情。

●**普里阿摩斯准备赎回赫克托耳的尸体** 贸然闯入敌人的营地,是一件非常危险的事情。特洛伊王后赫卡柏竭力劝阻普里阿摩斯不要亲自前往希腊人的营地,但普里阿摩斯不为所动,因为他认为阿喀琉斯并非一个残暴的恶人。并且既然是神派遣信使让自己前往,那么神一定会保护自己完成这神圣的任务。

●**普里阿摩斯夜闯希腊人的营地** 普里阿摩斯统治期间收集到的珍宝都收藏在柏木建造的库房中。他从中挑选了十二块手工精致、颜色靓丽的地毯,又取出同样数量的衬袍、外袍披衫及精美的面纱。除此之外,普里阿摩斯还称了十塔兰同②金子,添置了一对三脚鼎、四个黄金大碗,以及一个自己年轻时出使色雷斯获得的黄金酒杯。这是一笔价值连城的赎礼。赎礼被小心翼翼地放在骡车上。随行的只有传令官伊达乌斯。普里阿摩斯就这样轻车简从,前往希腊人的营寨。一只鹰——最可靠的吉兆鸟,就飞在骡车的右边。普里阿摩斯放下心来向前赶路。路上,普里阿摩斯遇到化身年轻人的赫尔墨斯。友善的赫尔墨斯让周围的敌人沉睡,引导特洛伊国王普里阿摩斯在夜色里穿过希腊人的防线,把普里阿摩斯安全地带到珀琉斯之子阿喀琉斯的营帐。

---

① 见《伊利亚特》。
② 古代重量单位之一。阿提卡人的一塔兰同相当于二十六公斤,约为装满一个普通双耳瓶所需的水的重量。——译者注

普里阿摩斯进入阿喀琉斯营帐的时候，阿喀琉斯正在吃饭。年老的特洛伊国王普里阿摩斯蹒跚着走到阿喀琉斯面前，如同乞丐一样俯身向下，紧紧抱住阿喀琉斯的膝盖。阿喀琉斯惊奇地望着这位可敬的国王，对他敢于冒着巨大的危险来敌人营帐感到惊讶。普里阿摩斯这样一个出身高贵的统治者竟然屈尊，泪眼婆娑地乞求敌人归还自己儿子的尸体。

阿喀琉斯被普里阿摩斯深深感动，想起了自己在弗西奥蒂斯的年迈父亲珀琉斯，于是同意他赎回赫克托耳的尸体。被激怒的时候，阿喀琉斯傲慢而凶残，但其实他也有柔软的一面。阿喀琉斯拉着普里阿摩斯的手，请普里阿摩斯坐在椅子上，答应他明天就能取回赫克托耳的尸体。

说罢，阿喀琉斯离开营帐，吩咐随从清洗赫克托耳的尸体，涂上香膏，放在一张榻上。当夜幕降临，睡意笼罩着神和凡人时，赫尔墨斯来到普里阿摩斯面

普里阿摩斯乞求阿喀琉斯归还儿子赫克托耳的尸体。
绘者信息不详

第7章 赫克托耳之死

前,轻声责备普里阿摩斯危在旦夕的时刻还有心睡眠,吩咐他立即起身,带着赫克托耳的尸体和传令官伊达乌斯离开希腊营寨。如果阿伽门农和其他希腊人知道普里阿摩斯在自己营地,普里阿摩斯将因此付出巨大的代价。这样说着,赫尔墨斯给骡子上轭,陪着普里阿摩斯一直走到敌人的防线之外,才返回奥林匹斯山。

●赫克托耳的葬礼 当缓慢行驶的骡车出现在特洛伊人的视线中时,众人从斯开埃城门涌出,赫卡柏和安德洛玛刻也在其中。蜂拥而来的人密密麻麻,骡车几乎无法前行。普里阿摩斯只好站在车上,要求众人让出一条通道。赫克托耳的遗体被抬到宫殿里,放在一个塌架上,四周围绕着哀悼者。他们高唱挽歌,歌颂这位牺牲的英雄的事迹,哀叹特洛伊失去最强大的保卫者,哀叹特洛伊命运凄凉。

赫卡柏和安德洛玛刻抹去脸上的泪水,用手抱着赫克托耳的头,唱起悼歌。海伦也在哀悼者之列。她站在赫克托耳的尸体旁,庄重、严肃、悲怆地说:

> 赫克托耳啊,在所有的叔伯中,
> 你是我最喜欢的;
> 我是神一样的帕里斯的妻子,
> 他和他的船队把我带到特洛伊,
> 但我宁愿早已死去,
> 自从我从家乡出走,
> 现在已经是第二十个年头,
> 但我从未从你口中
> 听到一句恶言或责骂;
> 当国王普里阿摩斯的儿女,衣着华丽的
> 儿媳,或者王后赫卡柏
> 开口斥责嘲弄我,
> ——国王普里阿摩斯一直待我温和,

> 有如父亲——你就
> 用温和的语言阻止他们。
> 因此我心中忧伤,为你和我自己
> 而悲叹,我心悲痛!
> 因为现在整个特洛伊,我再没有朋友,
> 没有人对我友善,他们都恨我。

海伦这样为赫克托耳哀悼。但可惜,眼泪和忏悔无法使赫克托耳复活。强大的赫克托耳的灵魂已经前往哈迪斯的黑暗居所。

阿喀琉斯同意休战十一天,让特洛伊人为赫克托耳举行葬礼。在前九天,特洛伊人收集干柴,在斯开埃城门前堆起一个高高的柴堆。赫克托耳的遗体被小心翼翼地抬到堆顶,仿佛躺在榻上一样。第十天,所有特洛伊人都来到城门前,向特洛伊的英雄赫克托耳献上深深的敬意。

当太阳再次升起,普里阿摩斯点燃火葬堆。待火烧尽,普里阿摩斯用大量的酒浇灭余烬,收集赫克托耳的骨灰放入一个金色的瓮中,用紫色的帷幔包裹起来,再放入一个高耸坟茔中。当一切结束后,悲伤的普里阿摩斯、赫卡柏和安德洛玛刻带着特洛伊人,慢慢地回到城内。

CHAPTER VIII

第 8 章

阿喀琉斯之死

FALL OF ACHILLES

赫克托耳的葬礼结束后，战斗再次打响。大家都以为特洛伊人灭亡的命运即将到来。胜利在望，阿喀琉斯和希腊人欣喜若狂，而特洛伊人却心如死灰，因为唯一能与希腊人抗衡的英雄赫克托耳已经牺牲了。

●赫克托耳死后事态的发展　但阿喀琉斯的意外身亡让特洛伊战争的结局推迟了数月。关于阿喀琉斯的死亡有两种完全矛盾的说法。其中一种说法认为，特洛伊王后赫卡柏带着特洛伊贵妇在城外的阿波罗神殿举行祭祀仪式时，意外遇到阿喀琉斯。阿喀琉斯并未对赫卡柏痛下杀手，因为她们正在举行庄重的祭祀活动。同时，阿喀琉斯被普里阿摩斯的女儿波吕克塞娜的美貌迷住，甚至对普里阿摩斯表示，如果将波吕克塞娜许配给自己，自己立刻罢兵息战。普里阿摩斯接受了阿喀琉斯的请求，并在色莫布拉阿波罗神殿，为阿喀琉斯和波吕克塞娜举行婚礼。没想到帕里斯悄悄藏在神殿角落，在阿波罗的引导下准确无误地射杀了阿喀琉斯。另一种说法出自古希腊诗人阿克提努斯。《伊利亚特》虽然没有赫克托耳葬礼后的故事，但第二十二卷中有帕里斯和阿波罗在城门附近杀死阿喀琉斯的预言[1]，并且这一说法与其他特洛伊诗系[2]的故事前后连贯，因此，下文采用的是阿克提努斯的版本。

---

[1]　见《伊利亚特》第22卷，第361行"当帕里斯和阿波罗把你杀死在斯开埃城门前"。
[2]　"特洛伊诗系"是除被称为"荷马史诗"的《伊利亚特》和《奥德赛》之外，一系列与特洛伊有关的诗歌组成的英雄史诗。其他统称为"特洛伊诗系"。——译者注

第8章 阿喀琉斯之死

●**阿克提努斯讲述阿喀琉斯之死** 在帕特洛克罗斯和赫克托耳的葬礼期间，特洛伊的盟友们一直在为陷入困境的特洛伊城输送援军。埃塞俄比亚国王门农就是重要的援军首领之一。门农率领军队不远千里援助特洛伊，不但说明即将到来的战役具有重要意义，而且表明特洛伊的两位国王拉俄墨东与普里阿摩斯在外交方面的广泛影响力。战神阿瑞斯的女儿彭忒西勒亚也从遥远的铁尔莫东河河畔带来了英勇的阿玛宗女士兵。

●**门农之死** 从关于特洛伊盟友的零星记载可知，他们要么在帕加姆斯山脚下驻扎，要么在比邻帕加姆斯的平原上扎营。不过，随着战争局势越来越紧张，特洛伊的盟友们很快就加入了战斗。黎明女神厄俄斯的儿子门农长相俊美，率领埃塞俄比亚士兵重创希腊人。涅斯托耳的儿子安提罗科斯在战斗中为保护自己的父亲战死①。虽然门农与阿喀琉斯势均力敌，但阿喀琉斯的母亲忒提斯请求宙斯出手相助，让阿喀琉斯获得了最终的胜利，成功杀死门农。不过，厄俄斯也为门农求得永生，将其葬于普罗彭提斯②附近③。每年有飞鸟到门农的墓前吟唱歌曲，用厄塞普斯河的水喷洒门农的坟墓。

阿喀琉斯与阿玛宗女王彭忒西勒亚的战斗同样激烈。一番苦战后，阿喀琉斯杀死了彭忒西勒亚④。但阿喀琉斯被彭忒西勒亚的英勇和美貌折服，评价彭忒西勒亚是"值得尊敬的对手"，并提议希腊人为她举行隆重的葬礼，垒筑坟堆。

●**忒耳西忒斯之死** 但阿喀琉斯的提议没有得到希腊人的支持。不仅如此，忒耳西忒斯——特洛伊传说中面目可憎的角色之一，还对阿喀琉斯的提议大肆嘲讽。暴怒之下，阿喀琉斯猛地把忒耳西忒斯打倒在地。不料，忒耳西忒斯就此一命呜呼。忒耳西忒斯的死引起狄俄墨得斯对阿喀琉斯的强烈不满，因为令人讨

---

① 见《奥德赛》。
② 土耳其西北部内海马尔马拉海古称。——译者注
③ 见士麦那的昆图斯的作品及帕夫萨尼亚斯的作品。
④ 据弗里吉亚的达勒斯记载，阿玛宗女王彭忒西勒亚是被阿喀琉斯的儿子涅俄普托勒摩斯杀死的。

厌的忒耳西忒斯是狄俄墨得斯的亲属。为了发泄怒火，狄俄墨得斯将彭忒西勒亚的尸体扔进了斯卡曼德洛斯河①。同时，狄俄墨得斯提出要将阿喀琉斯圈禁在莱斯沃斯岛，让其闭门思过。狄俄墨得斯的要求获得了大多数希腊士兵的声援。希腊远征军的诸首领只能顺从，将阿喀琉斯送到莱斯沃斯岛。在莱斯沃斯岛，奥德修斯为阿喀琉斯向神祭祀，洗去阿喀琉斯杀人的罪恶。令人惊讶的是，阿喀琉斯失手杀了忒耳西忒斯明明情有可原，但他依然受到了责罚。

●阿喀琉斯之死　阿喀琉斯的赫赫战功让他得意忘形，常常自吹自擂，让诸神尤其是阿波罗，感到不快②。从此，诸神不再看顾阿喀琉斯，任他落入命运的安排。由于前来援助的盟友战死，特洛伊人的实力大减，甚至只要阿喀琉斯出现在战场上，特洛伊人就溃不成军。所向无敌的阿喀琉斯赶着自己的骏马在后追击。一次，阿喀琉斯追着特洛伊人来到斯开埃城门，进了特洛伊城。千钧一发之际，箭术精湛的帕里斯抓住机会，弯弓搭箭，瞄准阿喀琉斯没有被铠甲覆盖的脚踝处射出箭矢③。箭矢准确无误地射穿阿喀琉斯的跟腱，让阿喀琉斯失去平衡，无力地倒在地上。帕里斯立刻向阿喀琉斯投掷长枪，一举将他击杀，并将他的尸体拖到宫殿里④。

曾经令人心胆俱裂的阿喀琉斯倒在了特洛伊人面前。对特洛伊人而言，这是多么令人心情激荡的场景。这是对特洛伊造成巨大伤亡的阿喀琉斯！这是曾经掌握特洛伊命运的阿喀琉斯！现在，赫克托耳的大仇已报，而特洛伊也死里逃生，似乎不再有灭亡的危险。纵观古今的经典文学作品，我们会发现没有比赫克托耳之死和乘胜追击进入斯开埃城门的阿喀琉斯之死更具戏剧性的描写。

特洛伊人要求希腊人归还普里阿摩斯当初为赎回赫克托耳的遗体所支付的赎金，否则就拒绝归还阿喀琉斯的遗体。无论是普里阿摩斯支付的赎金或者帕

---

① 见克里特的狄克提斯的作品。
② 见英雄诗系之一《埃提奥匹亚》及克里特的狄克提斯的作品。
③ 见《传说集》。
④ 见弗里吉亚的达勒斯的作品。

第8章 阿喀琉斯之死

里斯从斯巴达带走的财宝，在那时的人看来，都是价值不菲的，由此可见当时金属加工工艺多么稀有。人们为阿喀琉斯举行了庄严的葬礼，将阿喀琉斯的骨灰与他的挚友帕特洛克罗斯的骨灰一起安放在同一个黄金罐中。

●**葬礼竞技会** 希腊人在西革翁海岬的海滩建造了一座高大的坟茔，将阿喀琉斯和帕特洛克罗斯的骨灰罐埋入。大墓至今还矗立在西革翁海岬的海滩。葬礼结束后，阿喀琉斯的母亲忒提斯建议举行一场盛大的葬礼竞技会，纪念阿喀琉斯。优胜者将获得阿喀琉斯生前使用过的器物或者阿喀琉斯缴获的战利品，其中最珍贵的是匠神赫菲斯托斯为阿喀琉斯锻造的铠甲。争夺这件绝世铠甲的对手是特拉蒙之子埃阿斯和奥德修斯[①]。他们分别代表了左右战争局势的两大重要因素：勇武和智慧。决定铠甲归属的方法对于足智多谋的奥德修斯更加有利。

据说，雅典娜询问特洛伊俘虏，特拉蒙之子埃阿斯和奥德修斯两位勇士，哪一个对特洛伊的威胁更大？得到的回答是奥德修斯。因此，奥德修斯获得了阿喀琉斯的无敌铠甲。而英勇的特拉蒙之子埃阿斯因错失铠甲而感到灰心丧气，自己明明功勋卓著，却遭受不应有的失败。失去理智的特拉蒙之子埃阿斯对奥德修斯和阿伽门农大发雷霆，并冲入羊圈，将羊圈中的羊当作敌人，砍杀了泄愤。

特拉蒙之子埃阿斯清醒过来，意识到自己做了丢脸的事，当即饮剑自刎。特拉蒙之子埃阿斯自杀所用的正是赫克托耳的佩剑。有传闻说，阿喀琉斯拖拽赫克托耳尸体所用的正是特拉蒙之子埃阿斯赠送的肩带。多么有趣的巧合啊！鲜血从特拉蒙之子埃阿斯的伤口上汩汩流出，流在地上长出红色的风信子[②]。希腊人在洛伊提昂海岬的海滩上为特拉蒙之子埃阿斯建了一座大墓。现在，过往的船依旧可以看到它。古希腊有许多文学作品讲述了特拉蒙之子埃阿斯的传说。《埃提奥匹亚》、品达罗斯的作品、克里特的狄克提斯的作品、奥维德的作品和其他一些著名诗人的作品都曾提及特拉蒙之子埃阿斯的英雄故事。索福克莱斯的

---

① 见《变形记》、英雄诗系之一《埃提奥匹亚》及索福克莱斯的作品。
② 也可能是百合花。

《埃阿斯纪》也是以特拉蒙之子埃阿斯为主角的悲剧。

忒提斯为阿喀琉斯举办的葬礼竞技会得到多多纳神谕[①]的认可,成为当地一年一度的活动。哪怕特洛伊灭亡后,赛事依然被保留,流传了好几个世纪。特洛伊城陷落后,阿喀琉斯的魂出现在自己的大墓旁,要求将波吕克塞娜献祭给自己,作为补偿。于是,波吕克塞娜被阿喀琉斯的儿子涅俄普托勒摩斯杀死作为奠礼献给了阿喀琉斯[②]。后世的色萨利人还在西革翁海岬为阿喀琉斯建立了一座神殿,每年献上一头黑白相间的公牛祭祀他。

●阿喀琉斯死后战局 阿喀琉斯的意外阵亡让战事再次出现转折。此时,双方的实力对比与战争开始时大致相同。双方都失去了最勇猛的主将。虽然许多优秀的士兵在血腥、残酷的战斗中幸存下来,但都没有一举定乾坤的能力。双方只能等待扭转战局的契机。

战无不胜的阿喀琉斯没能夺取特洛伊,而骁勇善战的赫克托耳也没能消灭希腊远征军。显然,比起个人武勇,智慧与谋略才是特洛伊战争最终胜负的决定性因素。帕拉墨得斯死后,奥德修斯成为特洛伊战争中最足智多谋的人。正是奥德修斯的计谋而非武力,决定了长达十年的特洛伊战争的结局。

●赫勒诺斯背叛特洛伊 赫勒诺斯和奥德修斯是战局发展的关键人物。据说,奥德修斯俘虏了赫勒诺斯,逼迫赫勒诺斯说出关于特洛伊陷落的神谕。赫勒诺斯的泄密有两个不同的说法。一个说法是,赫勒诺斯因没能在帕里斯死后娶到海伦而恼怒,跑到伊达山上时被奥德修斯抓住后带到希腊人营地[③]。

但人们普遍认为,帕里斯其实死于菲罗克忒忒斯的毒箭。而菲罗克忒忒斯是在赫勒诺斯泄密后被召回希腊营地的,因此赫勒诺斯必然是在帕里斯死前被俘的。

---

① 多多纳神谕流行于希腊伊庇鲁斯,是希腊最古老的神谕,在威望上仅次于德尔斐神谕。——译者注
② 见《变形记》《赫卡柏》等作品。
③ 见《埃涅阿斯纪》。

第 8 章 阿喀琉斯之死

利姆诺斯岛上的菲罗克忒忒斯。
纪尧姆·吉隆 – 莱蒂埃（Guillaume Guillon-Lethière，1760—1832）绘

我们更倾向于第二种说法，即在阿喀琉斯死后，赫勒诺斯被奥德修斯抓获。当时，赫勒诺斯正在去刻瑞斯[①]神殿献祭的路上[②]，被精明的伊萨基国王奥德修斯算计，成为俘虏。赫勒诺斯向奥德修斯透露，神谕显示想要夺取特洛伊，首先必须将菲罗克忒忒斯从利姆诺斯岛召回，其次需要偷走特洛伊最后的守护——雅典娜神像。

●**菲罗克忒忒斯的故事** 菲罗克忒忒斯是一位来自色萨利的王子，精通箭术，曾得到赫拉克勒斯的遗物——赫拉克勒斯的神弓与箭[③]。战争伊始，已有祭司预言，没有菲罗克忒忒斯的箭，就无法攻克特洛伊。希腊远征军第一次集结出发时，菲罗克忒忒斯就在其中。由于菲罗克忒忒斯为赫拉克勒斯的葬礼火堆点火，遭到

[①] 掌管粮食生长的女神。——译者注
[②] 见《菲罗克忒忒斯》，索福克莱斯著。
[③] 见阿波罗多罗斯的作品。

赫拉记恨，被赫拉派来的蛇咬伤了脚①。但菲罗克忒忒斯为什么受伤及在哪里受伤，说法不一。可以肯定的是，伤口让菲罗克忒忒斯痛入骨髓，不停地痛哭哀号。希腊人觉得菲罗克忒忒斯的哭号声对士气不利，就将他送到利姆诺斯岛自生自灭。菲罗克忒忒斯在利姆诺斯岛待了近十年，直到赫勒诺斯的预言被公布，才被带回特洛阿德。希腊人的主医官玛卡翁为菲罗克忒忒斯治好被蛇咬的伤口。

●帕里斯之死　不久，在一场战斗中，菲罗克忒忒斯弯起大力神赫拉克勒斯赠送的神弓，向帕里斯射出致命一箭②。受伤流血不止的帕里斯被抬离战场。此时，帕里斯记起伊诺尼曾预言自己将在战场中受到致命伤，只有伊诺尼可以治愈自己。伊诺尼曾许诺，如果帕里斯在致命的危机到来时回到自己身边，就会出手相救。

于是，帕里斯命令侍从将自己抬到伊达山去寻找伊诺尼③。他像一个自甘堕落的人，想要在纯洁的年少时光里寻求解脱与救赎，但一切早已无法挽回。

受伤的帕里斯向伊诺尼寻求帮助。
西奥多·古丁（Théodore Gudin，1802—1880）绘

① 见希吉努斯的作品。
② 普罗克洛斯与部分学者认为帕里斯战死在战场上。
③ 见士麦那的昆图斯的作品。

第8章 阿喀琉斯之死

●**伊诺尼之死** 侍从在伊诺尼常常出现的栖息处找到了她,并且告诉她,重伤的帕里斯已经回到伊达山,希望得到她承诺的救治。虽然伊诺尼内心依旧深爱着帕里斯,但想到帕里斯的不忠,又犹豫不决。最终,伊诺尼对帕里斯的爱占了上风,懊悔自己过于苛刻,急匆匆赶到帕里斯的身边,却发现帕里斯已经死了。被悲痛和悔恨淹没的伊诺尼在帕里斯的葬礼上跳进熊熊燃烧的火葬堆,与往事一起化为灰烬。

●**海伦嫁给得伊福玻斯** 帕里斯的死为希腊人扫清了另一个攻破特洛伊的障碍。根据传说,帕里斯虽然自私自利、缺少阳刚之气,但仍然是一个善战的勇士。帕里斯死后,海伦嫁给了帕里斯的弟弟得伊福玻斯。得伊福玻斯虽然不如赫克托耳和帕里斯,但也是一个勇士。

奥德修斯此时去了斯库罗斯岛,将阿喀琉斯在岛上隐居时秘密生下的儿子涅俄普托勒摩斯带到特洛伊战场。希腊人希望涅俄普托勒摩斯像他的父亲阿喀琉斯一样骁勇善战,为希腊远征军增加战斗力。奥德修斯甚至把阿喀琉斯生前的神造铠甲给了涅俄普托勒摩斯。涅俄普托勒摩斯不负众望,不但勇猛过人不输阿喀琉斯,同时脾气也比阿喀琉斯更加温和。在特洛伊战场上,涅俄普托勒摩斯击败并杀死了欧律皮洛斯。欧律皮洛斯这位特洛伊的盟友是赫克托耳和阿喀琉斯战死后最勇敢的士兵之一[①]。但根据赫勒诺斯的预言,攻陷特洛伊最重要的条件——偷走雅典娜神像——仍然没实现。这让足智多谋的奥德修斯苦恼不已。有关雅典娜神像来历的传说不胜枚举。最广为人知的传说是,伊路斯当特洛伊国王的时候,雅典娜神像从天而降,落在特洛阿德。于是,伊路斯在特洛伊城中为这尊守护神像建造了一座神殿。从此以后,这尊神像就成了特洛伊命运的守护者[②]。为了防止神像被人以武力夺走或以背信弃义的方式偷走,特洛伊人制作了许多仿制品,分别放置在特洛伊的不同神殿中。事实上,真正的雅典娜神像比

---

① 见《奥德赛》《小伊利亚特》及帕夫萨尼亚斯的作品。
② 见阿波罗多罗斯的作品。

仿制品要小。希腊人从赫勒诺斯那里得知了这些情况，在帕里斯死后，制订了偷雅典娜神像的计划。

●**雅典娜神像的下落** 然而，虽然赫勒诺斯一时软弱，透露了与雅典娜神像有关的事情，但他没有说出神像存放的位置。对希腊人而言，问题依旧棘手。但希腊远征军中有一个人——在成功的时候，从不过分自信、不沾沾自喜；在逆境中，不灰心丧气；精明、狡猾、谨慎、勇敢但不轻率、对友情和仇恨都很坚定——他就是莱耳忒斯之子奥德修斯。

●**奥德修斯献计盗取雅典娜神像** 正值冬日，希腊士兵们都希望尽快取得胜利。奥德修斯和战友们一样希望得胜回乡，回到妻子珀涅罗珀身边。现在，奥德修斯就忙着谋划夺取特洛伊。深谙人性的奥德修斯认为，可以从海伦那里获得雅典娜神像的真正位置。由于无人知晓计划细节，我们只能推测，在奥德修斯看来，海伦是可以争取的对象。因为帕里斯死后，海伦对特洛伊不再有牵绊，毕竟海伦不可能对新丈夫得伊福玻斯有太深的感情。而身为母亲，海伦必然渴望再次见到自己在斯巴达的女儿埃尔米奥娜。为了能够抵消过去的错误，在未来获得豁免，海伦会欣然接受希腊人的任何提议，出卖特洛伊。

●**奥德修斯伪装潜入特洛伊城** 征得阿伽门农的同意后，莱耳忒斯之子奥德修斯悄悄地跑出营寨。奥德修斯把自己弄得遍体鳞伤，穿着肮脏破烂的衣服，来到斯开埃城门，伪装成一个被希腊主人虐待的奴隶，恳求特洛伊提供庇护。就这样，奥德修斯装成乞丐，瞒过特洛伊人，躲在特洛伊城的某个避风的角落里。

傍晚时分，奥德修斯睡在宫殿附近，等待着海伦的出现。第二天，海伦走在前往晨祷的路上[①]，认出躺在路边的乞丐是奥德修斯，非常惊讶。奥德修斯看到海伦认出了自己，就用手指放在唇上，示意海伦不要惊叫出声。可以想象，当时海伦在特洛伊城内看到奥德修斯是多么震惊。当初，希腊各城邦的贵族们到斯

---

① 见《奥德赛》。

第 8 章　阿喀琉斯之死

巴达向海伦求婚，让斯巴达陷入巨大的危机。是奥德修斯提出的计策，让海伦顺利成婚；是奥德修斯让所有求婚者同意在海伦被抢夺时，组成联军共同追回海伦。海伦从奥德修斯身边走过，假装没有注意到奥德修斯。

当夜幕降临，一切都安静下来的时候，一个女仆碰了碰奥德修斯的肩膀，让他跟着自己走，带着他到海伦的住处。二十多年以来，斯巴达王后海伦从未和同胞说过话，见到奥德修斯喜悦之情溢于言表。海伦亲自为奥德修斯准备了葡萄酒，让侍女用大口水罐为奥德修斯洗净手脚，抹上香膏。

●海伦与奥德修斯合作　看着海伦迫切地希望能够返回希腊，奥德修斯心情愉悦。在海伦向神发誓保守秘密后，奥德修斯讲述了自己的攻城计划。同时，海伦向奥德修斯吐露了关于雅典娜神像的重要情报及特洛伊人的最新动向。成功完成既定目标的奥德修斯随即逃出特洛伊城，返回希腊远征军的营地[①]。

●成功盗取雅典娜神像　窃取雅典娜神像的传说有许多不同版本。最具可信度的是，奥德修斯与狄俄墨得斯共同完成了这项艰巨的任务。狄俄墨得斯是希腊远征军中沉着冷静、智勇双全的士兵之一。奥德修斯与狄俄墨得斯翻越特洛伊外城墙后，来到帕加姆斯城堡。狄俄墨得斯踩着奥德修斯的肩膀攀上帕加姆斯城垛。但当奥德修斯伸出双手让狄俄墨得斯拉自己上去，却遭到拒绝。狄俄墨得斯撇下奥德修斯，独自一人在城堡中穿行，寻找雅典娜神像。狄俄墨得斯在几尊仿制品中找出了真正的雅典娜神像，返回与奥德修斯会合。在被问及偷取神像的细节时，狄俄墨得斯深知奥德修斯的品性，欺骗奥德修斯说自己没有寻到赫勒诺斯指定的神像，只寻到一个仿制品。

●雅典娜神像之争　然而，奥德修斯觉得狄俄墨得斯含糊其词，十分可疑。因此，奥德修斯注视着雅典娜神像，并观察到雅典娜神像的脸因狄俄墨得斯的话语抽动了一下。毫无疑问，这是真正的雅典娜神像。于是，奥德修斯立即决定在返回

[①] 见《奥德赛》。

营地的路上抢夺这尊神像。奥德修斯心想，没有人比自己更有资格得到雅典娜神像，是自己冒着生命危险进入特洛伊，是自己拿到了最关键的情报。但命运无常。你用汗水耕耘的收获，却被他人觊觎、偷走。这场争执也证明在古希腊的英雄时代，无论物品多么稀有贵重，无论物品对部落多么重要，它的所有权都属于它的获得者。

不择手段的奥德修斯在黑暗中悄悄走到狄俄墨得斯的身后，准备在背后给狄俄墨得斯致命一击。但狄俄墨得斯看到了刀锋的反光，幸运地躲过了奥德修斯的偷袭。接下来，狄俄墨得斯逼迫奥德修斯走在自己的前面，就这样一路返回希腊人的营地。习语"狄俄墨得斯的无奈"正是起源于该传说。

●雅典娜神像的后续故事　关于雅典娜神像的后续，据历史学家帕夫萨尼亚斯记载，狄俄墨得斯返回希腊时带走了它。经过阿提卡海岸时，狄俄墨得斯的侍从误以为阿提卡是敌对城邦，于是攻打并劫掠了阿提卡附近地区。统治阿提卡的雅典国王得莫丰率军打败入侵者，并抢走了狄俄墨得斯的雅典娜神像。之后许多年，雅典娜神像都被保留在雅典卫城。但罗马人坚持认为，狄俄墨得斯奉神的命令，将雅典娜神像交给了特洛伊的埃涅阿斯[①]。埃涅阿斯在逃离特洛伊的时候将其带到拉丁姆，放置在罗马的女灶神维斯太神殿中。雅典娜神像最后一次被提及可能是在罗马皇帝希利伽巴拉统治时期。据说，希利伽巴拉荒淫无度，甚至命人将雅典娜神像搬到自己的寝宫。

---

① 见附录《埃涅阿斯远逃与罗马时代的到来》。——译者注

CHAPTER IX
第 9 章

特洛伊被焚毁
SACK OF TROY

特洛伊人诸事不顺，各个垂头丧气，而希腊人因相继实现攻破特洛伊的预言欢欣鼓舞。不过，需要指出的是，预言中的事是攻破特洛伊的先决条件而非必然条件。预言并没有说，如果发生这些事，特洛伊必将陷落，而是说在这些事发生之前，特洛伊是安全的。

　　因此，为了最终的胜利，希腊远征军仍需努力。这次，诸神再次站在伊利昂的对立面援助希腊人。正是得到雅典娜的默许，狄俄墨得斯和奥德修斯才成功从特洛伊偷走雅典娜神像。和其他攻城战一样，只有使用谋略才能从内部攻克坚固的特洛伊城。木马计正是雅典娜为希腊人制订的攻城计划。

　　●木马攻城计划　雅典娜将巨大木马的计划告诉帕诺佩司伊之子埃比乌斯。埃比乌斯用从雅典娜那里学来的神技造了一匹巨大的木马[①]。木马之腹中空，马背或是马腹侧面开一扇小门出入，可以容纳一百人。木马的高度应该超过特洛伊城墙的高度，理由后文将详细叙述。

　　●希腊勇士进入木马马腹　进入马腹的有奥德修斯、墨涅拉俄斯、狄俄墨得斯、厄琉斯之子埃阿斯及希腊远征军最优秀的勇士。他们笃信神谕和祭司的预言，否则不可能冒着生命危险，赌上远征成败去执行木马计划。希腊士兵备足干粮，搭着梯

---

① 见《埃涅阿斯纪》及帕夫萨尼亚斯的作品。

第9章 特洛伊被焚毁

子,爬进马腹。

● **希腊人返航的假象** 与此同时,希腊人正推船下海,伪装启程返回希腊的假象。最初到达特洛阿德的近千艘船历经十年的风吹雨打和战争损耗,所剩不足一半。希腊人齐心协力,除了那些进入木马之腹的士兵,其他所有人都登上了船。海滩上的希腊人营帐都被焚烧一空。十年来一直威胁伊利昂的希腊远征军如梦一样消失无踪。

普里阿摩斯骑马在前,臣民们跟随在后,来到被希腊人遗弃的营寨。普里阿摩斯简直难以相信,那些杀害自己儿子和臣民、严重威胁特洛伊的可怕敌人消失了,自己居然安然无恙、一路无阻地来到敌人曾经扎营的地方。直到命运的最后一击来临前,特洛伊人一直以为自己的勇敢和顽强终于获得回报。特洛伊传说充分表现了命运的莫测和无常,以及命运对人类的无情嘲讽。命运用虚假的希望欺骗人类,并在人类得意扬扬的时刻将其推向灭亡。

这时,营地里一个巨大的木马吓了普里阿摩斯一跳。特洛伊人围绕着木马,猜测这庞然大物是做什么用的。就在这时,特洛伊牧羊人发现了一个藏在斯卡曼德洛斯河芦苇中的希腊人,将其捆起来拖到普里阿摩斯面前[①]。

● **拉奥孔斥责西农说谎** 这个叫西农的希腊俘虏,向特洛伊人哭诉了自己的悲惨遭遇。西农说希腊人决定放弃战争,返回故土,但被海上的风暴阻挡了归路,必须杀死一个人,献祭给天神才能平息风暴。可怜的西农被选为祭品。仪式当天,西农因太过害怕,挣脱捆绑,摆脱了被血祭的命运[②]。西农还解释说,木马是祭司卡尔卡斯下令制造的,用来代替雅典娜神像,为希腊人盗取神像的行为赎罪。不过,木马造得如此大、高入云霄是卡尔卡斯故意为之,就是让特洛伊人无法将木马拖进城去,也就不能为特洛伊提供庇护。所以,西农建议特洛伊人在城墙上打开一个缺口,让木马通过。诗人士麦那的昆图斯说,特洛伊人对西农严刑拷打,

---

① 见阿克提努斯的作品及《埃涅阿斯纪》。
② 见《埃涅阿斯纪》。

想要知道西农是否说谎，但西农以顽强的意志坚持了下来，始终没有吐露真相。这时，特洛伊城内的人们都涌向海滩，其中有普里阿摩斯的儿子、阿波罗的祭司拉奥孔。拉奥孔斥责西农说谎，并大声宣称，木马是诡计多端的希腊人的阴谋，将给特洛伊人带来致命的灾祸。拉奥孔还强调，即使希腊人带着礼物，也应该对他们保持警惕[①]。

拉奥孔一边说着，一边用长矛猛地刺进马腹。马腹的木板遭到重击，不住颤动，发出空洞的回声，仿佛叹息。但拉奥孔的警告无人理睬，因为特洛伊人被诸神蒙蔽了双眼。特洛伊人急于将木马拖进城，代替雅典娜神像庇佑特洛伊城。在巨大的"木头怪物"的马蹄处拴上长长的麻绳，特洛伊人兴高采烈地通过城墙的缺口将木马拖进城内。

为了拓宽供木马进城的道路，特洛伊人毁掉了一部分城墙。
杰拉德·范·格罗宁根（生卒年不详）绘于16世纪

———
① 见阿克提努斯的作品及《埃涅阿斯纪》。

第9章 特洛伊被焚毁

●拉奥孔和儿子们的命运　不过，特洛伊人的喜悦因为一件骇人听闻的事戛然而止。星星在西边的天空中闪耀时，拉奥孔和两个儿子在神殿前向海神涅普图努斯献祭公牛。这时，两条巨蛇从海里窜出，眼睛中充斥着炙热的火焰，巨口向外喷射着污血，向特洛伊城迅速游来。众人惊慌失措，四处逃散。两条巨蛇是雅典娜派来，惩罚拉奥孔白天用长矛刺木马马腹的渎神行为。两条巨蛇直奔拉奥孔主持仪式的神殿①。遵照女神的旨意，毒蛇抓住一片忠心却无意中冒犯天神的祭司拉奥孔和他的儿子们，将痛苦但无力挣扎的他们缠住，绞碎他们的肢体，并将他们的尸体丢在祭坛边上。明明发生可怕的事件，普里阿摩斯和特洛伊人却感到振奋，因为这代表木马确实是雅典娜的圣物，拉奥孔和儿子们是因为冒犯雅典娜才遭到惩罚。当天夜里，特洛伊人举办了热烈的庆祝活动。

●海伦受到怀疑　尽管已经有神迹证明木马是雅典娜的圣物，但仍有一些特洛伊人担心木马是希腊人的阴谋，包括海伦的现任丈夫得伊福玻斯。同时海伦身份敏感，让人生疑。所以，得伊福玻斯带着性情柔顺的海伦前往城中放置木马的广场，让海伦以妻子的口吻深情呼唤希腊主要首领的名字。得伊福玻斯认为，如果真的有人藏身马腹，可能会条件反射地对海伦的呼喊做出回应，从而暴露木马的秘密。事实上，这样的情况真的差点发生，幸有奥德修斯及时捂住要开口那人的嘴，保持了死一般的安静②。值得一提的是，多年后墨涅拉俄斯提到海伦私奔导致希腊和特洛伊的战争时，大度地表示了原谅，认为海伦是情非得已才犯了错③。如果所有的罪责都能用如此简单的理由撇清，那该有多好！

希望和恐惧的交错让特洛伊人筋疲力尽。当夜深人静，纵酒狂欢之后的特洛伊人在虚假的安全感中沉沉睡去时，西农偷偷打开木马的机关。关在马腹中的希腊士兵沿着绳子下到地面。虽然帕加姆斯城堡和普里阿摩斯的宫殿是首要目

---

① 见《埃涅阿斯纪》。
② 见《奥德赛》。
③ 见《奥德赛》。

标，但如果此时惊醒城堡的守卫，马腹中为数不多的希腊人还不足以与之抗衡。按照作战计划，希腊船队在夜幕降临时离开泰涅多斯岛，穿过海峡驶往登陆点，全程距离只有三英里。而从登陆的海滩出发到特洛伊城差不多三英里。

●希腊军队攻入特洛伊 伏兵打开木马，从马腹中出来后，西农点火为号，告知希腊人行动的时机已经到来。这次，希腊远征军占尽了天时地利人和的优势。在希腊人发动进攻后，大火和屠杀席卷全城，毁灭接踵而至。特洛伊的命运让人痛心疾首。长久以来对命运的英勇抵抗，最终得到的却只有绝望和毁灭。这绝不是什么令人愉快的景象。

听到城里的厮杀声，年迈的普里阿摩斯和赫卡柏知道特洛伊已经陷落，立刻通过一条秘密通道逃到了宙斯的神殿，希望神能保护自己。普里阿摩斯和赫

伏兵从马腹中出来。
绘者信息不详

第 9 章　特洛伊被焚毁

特洛伊大火。
雅各布·维姆扎默（Jacob Willemszoon，1610—1691）绘

卡柏带着自己的儿女和臣民在神坛的空地上等待着命运的最后时刻。希腊人冲了进来，王宫内一片混乱，到处是悲惨的号哭之声，特洛伊男人皆被屠杀，女人被绑起来卖为奴隶！

●**最后的命运**　就在宙斯神殿的祭坛边，国王普里阿摩斯被阿喀琉斯的儿子涅俄普托勒摩斯砍杀，身首异处[①]。赫卡柏虽然免于成为外敌的奴隶，但因年事已高，无法再嫁他人，甚至无法做妾，并且目睹丈夫和家人被杀，面临的不过是残酷、屈辱的人生。赫克托耳的幼子阿斯堤阿那克斯被人从安德洛玛刻怀里抢走，

---

① 见《特洛亚妇女》。

从城垛上摔了下去。不过，在赫克托耳灵魂的庇佑下，安德洛玛刻得以将阿斯堤阿那克斯的尸体妥善安葬①。

阿克提努斯和莱斯克斯等古希腊诗人都曾描写特洛伊城陷落的恐怖一夜。其实，特洛伊人并非没有抵抗就放弃了自己的城市。埃涅阿斯和安忒诺耳都曾经投入与希腊人的战斗。抵抗无果后才带着从废墟中找到的圣物和家神逃到山里②。不知为何，希腊人似乎十分青睐安忒诺耳。据说，在袭击发动之前，希腊人曾对安忒诺耳示警，让安忒诺耳在自家门上悬挂毛皮作为暗号，帮安忒诺耳逃过了一劫③。

●**特洛伊城被焚毁** 当曙光照亮大地，特洛伊城周围弥漫着灰色的云气，到处是断瓦、灰烬和烧成焦炭的残肢，滚滚的浓烟混着尘土四处飞扬。这一切就是特洛伊曾经存在的证明。一座城就此湮灭于历史的尘埃中。

---

① 见《特洛亚妇女》。
② 见《埃涅阿斯纪》。
③ 据帕夫萨尼亚斯记载，古希腊画家波利格诺托斯曾将这个场景画在德尔斐神殿的壁画上。

CHAPTER I
第 10 章

战胜者的命运

*Historical sketch from the period of the Tartar GonqneBt
until the outbreak of the Bebellio*

●烽火信号传递特洛伊陷落的消息　战争伊始，一些目光敏锐的烽火瞭望者就驻扎在迈锡尼国王阿伽门农宫殿的屋顶上，他们十年来始终保持警惕。为了让战争胜利的消息以最快的速度穿过爱琴海，传向希腊诸城邦，希腊人沿着驶向特洛伊的航线建造了一个个烽火信号台。但年复一年，烽火始终没有被点燃。就在耐心几乎已经耗尽的时候，迈锡尼的守望者在一个深夜看到了等待多年的信号之火。火光直冲天上，宛如天空中的一颗星星。这是胜利的信号之火吗？是的，这的确是希腊人一直等待的阿拉克奈昂山山顶的烽火。特洛伊已经陷落。

●烽火信号台　获得胜利的希腊人在伊达山山顶点燃火堆，将信号传递给利姆诺斯岛上的守望者，再由此传向阿索斯山，传向埃维亚岛的峭壁，从一座山峰传向另一座山峰，直到所有说希腊语的人都在黎明前得知特洛伊已经陷落[1]。

●希腊人返回家园　希腊人以为士兵们很快会返回故土，但事与愿违，希腊士兵的归途并不顺利。年轻的忒勒玛科斯外出寻找父亲奥德修斯的下落时，曾前往拜访涅斯托耳，了解了涅斯托耳返回皮洛斯的故事[2]。这位可敬的首领说，特洛伊城陷落后，阿伽门农和部分希腊士兵意识到攻城时的暴行让诸神厌恶，应先留下来进行大献祭以平息诸神的愤怒。但以墨涅拉俄斯为首的一些人主张立即

---

① 见《阿伽门农》。
② 见《奥德赛》。

启程回家。双方发生了激烈的争吵。最后，一部分人留下来祭祀，另一部分人跟随墨涅拉俄斯踏上归程。一路上灾祸重重。许多人熬过了残酷的战争，却倒在归途上。

●古人对命运的看法　人生就是如此。只有少数人能成为人生的赢家。太多的人在触及胜利曙光的那一刻功败垂成。背后的原因太过神秘，超出凡人的认知。虽然很多人认为这不公平，但越来越多人意识到，成败取决于某些不可抵抗的神秘力量。大多数古人把失败或成功归结为神的神圣意志或任性善变，并毫不讳言地指责神的任意妄为。埃涅阿斯就曾说过"残酷的宙斯"的话。没有留在特洛伊献祭的墨涅拉俄斯安全回国，安享太平，而留下献祭的阿伽门农却被不忠的妻子杀害！没有哪个参与特洛伊远征的首领比阿伽门农更倒霉了：为了远征军顺利启

谋杀阿伽门农。

皮埃尔－纳西斯·盖尔诺（Pierre-Narcisse Guérin，1774—1833）绘

卡桑德拉。
绘于19世纪。绘者信息不详

航，被迫献祭了自己的女儿；在外征战期间，妻子却出轨背叛自己；情人卡桑德拉被阿波罗夺走；甚至在战争胜利返回家中当天被自己的妻子杀害。

●伊多墨纽斯的返程　《奥德赛》中写道，特拉蒙之子埃阿斯和奥德修斯为了争夺阿喀琉斯的铠甲而发生的争吵其实是至高神宙斯的恶作剧。古希腊人创造具有各种不同属性甚至互相矛盾的神的出发点会不会是，企图将人类某些莫名其妙的行为归因于神，借口神对人类不公来减轻人类自身的罪责？这是个绝妙的好主意。基于以上天才的思路，古代人受到的压力比现代人小得多。我们无法知道希腊士兵归途的艰难是否是神造成的，但我们可以确定，在古希腊人心中，希腊士兵在归途中的遭遇是特洛伊传说中最精彩的部分。许多史诗以此为主题，其中最负盛名的是《奥德赛》、特洛岑的黑吉亚斯所著的《归返》及其他一些悲剧作品。许多资料显示，克里特国王伊多墨纽斯带着九十艘船去了特洛伊，并在战

第10章 战胜者的命运

场上展现出过人的勇气和智慧。赞扬医生的格言——一个高明的医生能抵许多人!——就出自伊多墨纽斯之口①。

●**伊多墨纽斯用儿子献祭** 返回克里特岛的途中,伊多墨纽斯遇到了一场可怕的暴风雨。几乎陷入绝境的伊多墨纽斯为了自救,向波塞冬发誓,把踏上克里特岛后遇到的第一个生物献给波塞冬。而当伊多墨纽斯登上克里特岛时,第一个遇见的是自己的儿子。尽管如此,伊多墨纽斯还是履行了向波塞冬发下的誓言。对此,克里特岛的人们感到非常愤怒,放逐了伊多墨纽斯,不允许伊多墨纽斯再次踏足克里特岛。伊多墨纽斯的故事表明,比起违背誓言,克里特的人们更加无法容忍国王伊多墨纽斯为了自己活命而自私地牺牲他人的行为。在现代社会,有些父母用女儿的婚姻作为筹码进行利益交换,比伊多墨纽斯还要恶劣。被流放的伊多墨纽斯为了寻找安身立命之所,扬帆向西航行,在意大利南部一个叫乌里亚或萨伦蒂亚的地方定居下来,这里就是今天意大利的卡拉布里亚②。

●**厄琉斯之子埃阿斯的命运** 罗克里斯国王厄琉斯之子埃阿斯带着四十艘船参加特洛伊远征。与特拉蒙之子埃阿斯不同,厄琉斯之子埃阿斯身材矮小。《伊利亚特》中这样描写厄琉斯之子埃阿斯,"他不如特拉蒙之子埃阿斯高大,矮小得多"。但厄琉斯之子埃阿斯是希腊远征军中最优秀的长枪手。攻陷特洛伊那一夜,希腊人杀人放火,肆意劫掠,引起诸神的厌恶。而厄琉斯之子埃阿斯的行为比其他人更加令人唾弃。据说,厄琉斯之子埃阿斯在雅典娜的祭坛上向雅典娜的女祭司卡桑德拉施暴。如此胆大包天的渎神行为让希腊人都感到愤怒。厄琉斯之子埃阿斯差点被希腊人处以石刑,但侥幸逃过一劫。不过,厄琉斯之子埃阿斯的恶行遭到雅典娜的厌弃,因此雅典娜请求宙斯给厄琉斯之子埃阿斯的船队送去雷电和风暴。厄琉斯之子埃阿斯的船沉没,但他成功游到了一块岩石上,说

---

① 见《伊利亚特》第11卷。
② 见奥维德的作品及帕夫萨尼亚斯的作品。

出渎神的话语①。有传闻说，厄琉斯之子埃阿斯是被雅典娜用闪电劈死的。也有传闻说，厄琉斯之子埃阿斯是被波塞冬抛进巨浪之中丢了命。其他逃出来的士兵被海浪送到西边，最终定居在利比亚和意大利南部。

阿伽门农带着卡桑德拉回到阿尔戈利斯，再次见到矗立在麦田上的迈锡尼的塔楼。卡桑德拉是曾经的特洛伊公主、预言家、阿波罗神殿的女祭司，但她的预言注定无人相信。这是来自阿波罗的惩罚，因为卡桑德拉曾承诺获得预言能力后委身阿波罗，最终却言而无信。现在，卡桑德拉预见自己和阿伽门农到达迈锡尼后，死亡就会降临。不过，对于卡桑德拉的预言，阿伽门农没有放在心上②。

●克吕泰涅斯特拉与埃癸斯托斯　海伦的姐姐克吕泰涅斯特拉是一个意志坚定、克制隐忍的女人。见阿伽门农平安回家，克吕泰涅斯特拉热情地欢迎凯旋的丈夫。但克吕泰涅斯特拉已经出轨堤厄忒斯的儿子埃癸斯托斯，并和埃癸斯托斯合谋，杀死了阿伽门农和卡桑德拉。当时，阿伽门农正在洗澡，准备参加为自己准备的庆功宴会。克吕泰涅斯特拉认为自己无罪，因为阿伽门农欺骗了自己，将他们的女儿伊菲格纳亚献祭，并且阿伽门农把卡桑德拉带进家门是对自己极大的羞辱。表面上看，克吕泰涅斯特拉杀夫的理由似乎充分。但仔细想想，却不尽然。当初阿伽门农献祭伊菲格纳亚是为了平息阿耳忒弥斯对希腊人的怒火，是为了让希腊远征军能顺利启航，是为了大义，而把卡桑德拉带回也符合古希腊当时社会习俗。

●古希腊的人祭　关于古希腊的人祭、人牲习俗，威廉·E. 格拉德斯通在《世界的少年一代》一书中写道："荷马时代没有如此极端血腥、道德败坏的习俗。……不存在人祭。公元1世纪，欧里庇得斯时代虽然出现了人祭，但人祭并不是起源于希腊本土文化，而是传自其他文明。"然而，仅在荷马史诗中就有四处提及希腊人的人祭仪式：伊菲格纳亚、帕特洛克罗斯葬礼上被屠杀的十二个特洛伊人、据

---

① 见《埃涅阿斯纪》《传说集》。
② 见阿波罗多罗斯的作品及《阿伽门农》。

第10章 战胜者的命运

说差点被献祭的西农及伊多墨纽斯的儿子。厄瑞克透斯献祭自己的女儿及第一次麦西尼亚战争期间阿里斯托德穆斯献祭自己女儿的故事都证明,即使人祭与宗教一样源自亚洲,也早已被古希腊社会所接受。虽然历史学家们对此持保留意见,但事实上,早在公元前743年,即大约第六个或第七个奥林匹亚纪年[①]、特洛伊陷落后约六个世纪,就流传着雅典国王厄瑞克透斯奉德尔斐神谕,杀死自己女儿赢得战争的故事。无论厄瑞克透斯献祭自己女儿是真实的历史事件还是夸张的艺术加工,都表明当时献祭活人既没有渎神,也并不是一件不可能发生的事。欧里庇得斯在《伊菲吉尼娅在奥里斯》中借伊菲格纳亚之口,对人祭表达了内心的愤怒,体现了文明的进步。但值得一提的是,他在《厄勒克特拉》中支持为了公共利益而进行的人祭仪式。

●俄瑞斯特斯为父报仇　几年后,克吕泰涅斯特拉的儿子俄瑞斯特斯杀死了克吕泰涅斯特拉和埃癸斯托斯,为自己的父亲阿伽门农报了仇。但俄瑞斯特斯的弑母罪行受到了复仇女神的惩罚[②],只有去陶里斯岛向阿耳忒弥斯献祭,才能洗净罪恶。但俄瑞斯特斯和朋友皮拉德斯在荒凉的陶里斯岛海滨被俘,差点被阿耳忒弥斯的女祭司杀死祭神。不过,当女祭司得知俄瑞斯特斯和皮拉德斯来自希腊时,表示可以放过愿意帮自己带信去故乡的人,因为女祭司也是希腊人。俄瑞斯特斯和皮拉德斯都要为对方牺牲自己,最终俄瑞斯特斯留下被献祭,皮拉德斯前往希腊送信[③]。然而,拿到信的皮拉德斯发现收信人居然是俄瑞斯特斯。原来这位女祭司正是差点被献祭给阿耳忒弥斯的伊菲格纳亚。伊菲格纳亚差点就杀死了自己的亲哥哥。随后三人一同回到了迈锡尼。必须承认,阿特柔斯之子阿伽门农的故事以其巨大的艺术张力,凸显了一个严肃问题,即每个人都应该对自己的行为负责吗? 这一问题从古至今都没有令人满意的答案。

---

① 奥林匹亚纪年是古希腊的纪年法。每四年为一个纪年。第一个奥林匹亚纪年从公元前776年夏天开始,持续到公元前772年夏天。——译者注
② 见《厄勒克特拉》《俄瑞斯特斯》及阿波罗多罗斯的作品。
③ 此情节是否能证明在那个时代希腊已经有了书写文字?

●**赫勒诺斯和安德洛玛刻的结局** 安德洛玛刻被阿喀琉斯的儿子涅俄普托勒摩斯带到弗西奥蒂斯,并为涅俄普托勒摩斯生了一个儿子。在涅俄普托勒摩斯死后,安德洛玛刻又被涅俄普托勒摩斯的祖父珀琉斯嫁给赫克托耳的弟弟赫勒诺斯。赫勒诺斯是特洛伊陷落后为数不多的男性俘虏之一。珀琉斯将赫勒诺斯和安德洛玛刻送到莫洛索斯,并将莫洛索斯赠予赫勒诺斯,让赫勒诺斯成为莫洛索斯的王。珀琉斯说:"虽然遵照女神雅典娜的意愿,特洛伊已经陷落,但诸神对特洛伊人依然眷顾。"[①]雅典娜是否代表不容抗拒的命运?珀琉斯对赫勒诺斯和安德洛玛刻的安排是否反映了人类社会早期,人类模模糊糊地意识到有必要通过人口迁徙形成新民族、新政府?大量传说记载了特洛伊陷落后一部分希腊人和逃亡的特洛伊人离开故土,漂泊异乡,建立新的城市的故事,从某种程度上解释了早期地中海西岸的殖民扩张。

●**安忒诺耳和埃涅阿斯的结局** 安忒诺耳与一部分特洛伊幸存者逃往黑海沿岸,在那里建造大船,扬帆进入多风暴的黑海,沿着赫勒斯滂,穿过爱琴海,驶向亚得里亚海最远处,在厄里达诺斯入海口建立新的城邦,称为帕多瓦或威尼斯[②]。与此同时,埃涅阿斯带着儿子阿斯卡尼俄斯、父亲安喀塞斯逃到密细亚南部。埃涅阿斯的妻子克露莎,普里阿摩斯的女儿,死在了特洛伊陷落的当晚。埃涅阿斯从密细亚人那里得到了几艘大船,驾船途经迦太基和地中海沿岸,历尽千难万险,最终在台伯河附近的"西方之国"赫斯珀里亚定居下来。埃涅阿斯娶拉蒂努斯国王的女儿拉维尼娅为妻,在赫斯珀里亚建立了罗马城[③]。欧洲文学史上最重要的五大史诗之一的《埃涅阿斯纪》描写的正是埃涅阿斯一路流亡寻找新聚居地的故事。

●**狄俄墨得斯的自我放逐** 狄俄墨得斯是雅典娜最喜爱的希腊将领之一,一生充满

---

① 见《安德洛玛刻》。
② 见塔西佗的作品及维吉尔的作品。
③ 见《埃涅阿斯纪》。

第10章 战胜者的命运

传奇。特洛伊战争中,狄俄墨得斯在战争中无意伤到阿佛洛狄忒的手,被阿佛洛狄忒记恨。但雅典娜没有对曾经偏爱的狄俄墨得斯伸出援手。无论在神话世界还是现代社会,诸神总是如此反复无常。在雅典娜的默许下,阿佛洛狄忒腐蚀了狄俄墨得斯妻子埃吉阿勒的心。得胜归来的狄俄墨得斯满心欢喜地回到埃托利亚王宫时,发现妻子在自己出战这些年,早已背叛自己,投入了赛拉巴鲁斯的怀抱。心灰意冷的狄俄墨得斯驾船离开埃托利亚,驶向遥远的未知海岸。狄俄墨得斯一路向西航行,途经利比亚时被这里残暴的国王所俘。不过,国王的女儿卡利洛俄对狄俄墨得斯一见钟情,救下狄俄墨得斯后放他离开,又因用情至深,在狄俄墨得斯离开后自杀。

最终,狄俄墨得斯在大希腊[①]海岸定居,建立了贝内文托、阿基里波、迪奥梅德亚和道尼亚四座城。这几座城都以狄俄墨得斯在当地所娶的妻子命名。狄俄墨得斯在位期间,恩泽深厚,深得臣民的爱戴。狄俄墨得斯死后,他的侍从和同伴变为飞鸟守护他。

● **奥德修斯的返乡之旅** 所有远征特洛伊的首领中,没有人的返乡之路像奥德修斯那样曲折而艰辛。奥德修斯在广阔的地中海上漂流了十年。一路上,奥德修斯和同伴经历了"忘忧岛"、吃人的独眼巨人[②]住的山洞、以歌声诱惑人的塞壬女妖[③]岛、吃人的莱斯特律戈涅斯[④]巨人岛、卡利普索[⑤]的小岛、好客的费埃克斯国王阿尔喀诺俄斯的漂亮宫殿、海神怪斯库拉和大漩涡卡律布狄斯及把人变成猪的喀耳刻的海岛。奥德修斯还在魔女喀耳刻的帮助下游历了冥府。十年中,奥德修

[①] 意大利南部的希腊古城。——译者注
[②] 独眼巨人是古希腊神话中巨大的独眼怪物。根据赫西俄德的《神源论》中,独眼巨人一共有三兄弟,分别是布戎忒斯、斯忒洛珀斯和阿尔赫斯。宙斯的武器雷霆正是他们锻造的。——译者注
[③] 塞壬女妖是古希腊神话中用迷人的音乐和歌声引诱水手靠近其岛屿并使其船沉没的危险女妖。——译者注
[④] 莱斯特律戈涅斯是古希腊神话中一个吃人的巨人部落,是波塞冬的儿子莱斯特律戈涅斯演化而来的。——译者注
[⑤] 卡利普索是荷马《奥德赛》中的一位山林女神,把奥德修斯留在自己的奥吉亚岛七年之久。——译者注

奥德修斯遇到吃人的独眼巨人。

绘者信息不详。

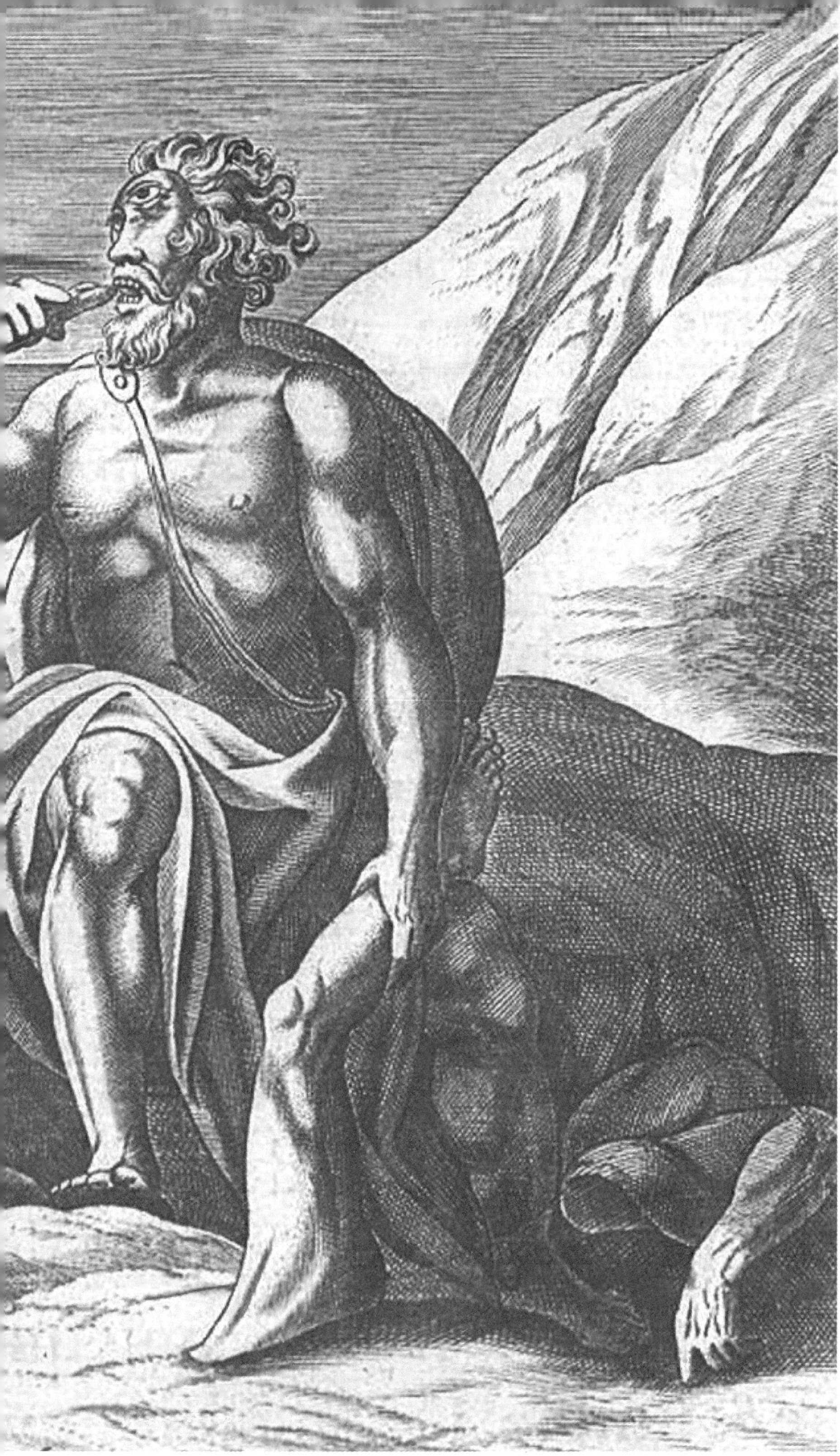

斯逐渐失去了所有船和同伴。出发远征特洛伊时，奥德修斯的儿子忒勒玛科斯还是初生的婴孩，被妻子珀涅罗珀抱在怀里。再次踏上伊萨基岛时，二十年已经过去了。

●珀涅罗珀智斗求婚者　好客的阿尔喀诺俄斯用船将奥德修斯送回伊萨基岛。船十分神秘，不需要划桨，自动前行。奥德修斯抵达伊萨基岛后得知，多年来，自己心爱的妻子珀涅罗珀一直受到来自邻近海岸的求婚者的骚扰。尽管哈利瑟斯曾预言奥德修斯一定会回来，但求婚者并不相信。他们向珀涅罗珀求婚，并宣称奥德修斯一定早就死了。这些求婚者一直住在奥德修斯家中，消耗奥德修斯的家财。珀涅罗珀对此感到疲惫不堪，意识到自己必须想个办法拖延危机的到来。于是，珀涅罗珀承诺求婚者，在自己织完织机上那匹精美绝伦的布后，就从求婚者中挑选一人嫁他为妻。求婚者们同意了珀涅罗珀的要求。不过，珀涅罗珀每天晚上都会将白天织好的部分重新拆掉，就这样瞒过求婚者，直到第四年珀涅罗珀的计划被女仆拆穿，只得违愿织完布匹。在珀涅罗珀几乎绝望的时候，奥德修斯伪装成乞丐出现在伊萨基岛。

此时，奥德修斯势单力薄，必须小心谨慎，免得被失望的求婚者所杀。在雅典娜的帮助下，奥德修斯伪装成乞丐。除了阔别二十年的家犬阿耳戈斯，无人识破。家犬阿耳戈斯认出乞丐是自己的主人奥德修斯，匍匐在地，伸出舌头舔舐奥德修斯的手心，就此死去。奥德修斯向几个可靠的忠仆透露了自己的身份，在忠仆的帮助下杀死了所有求婚者，重登王位。分别二十年的夫妻终于相认。据记载，奥德修斯年老时死于忒勒戈诺斯之手。忒勒戈诺斯是奥德修斯与喀耳刻的儿子，来伊萨基岛寻找自己的父亲[①]时意外将其杀死。

●海伦回到斯巴达　斯巴达王后海伦的美貌给特洛伊人带来灭顶之灾。特洛伊毁灭后，海伦的命运如何呢？希腊人攻陷特洛伊时，海伦当时的丈夫得伊福玻斯被

---

① 见《特勒戈诺斯纪》。

希腊人所杀。有人说，海伦背信弃义，把墨涅拉俄斯引入得伊福玻斯的寝宫，将熟睡的得伊福玻斯杀死[1]。这种说法当然不可信。海伦不但美貌无双，并且性格可亲、温和，不可能行如此狡诈之事。有记载显示，当时墨涅拉俄斯怒气未消，还未与海伦和解，所以海伦不可能勾结墨涅拉俄斯杀死得伊福玻斯[2]。大多数人都认同墨涅拉俄斯之所以宽恕海伦，是因为海伦只不过是诸神手中的棋子。埃涅阿斯说，特洛伊城毁灭时，阿佛洛狄忒曾阻止自己杀死海伦，因为造成特洛伊灭亡的是诸神而非海伦。

墨涅拉俄斯的船队在返航途中，在苏尼翁附近海域陡峭的岩石处遭遇大浪。船上的领航员普隆提斯被冲进海里。墨涅拉俄斯只好在阿提卡海岸登陆，为葬身海底的同伴普隆提斯举行葬礼，让他的灵魂在冥府得以安息。再次启程后，墨涅拉俄斯的船队穿过马莱阿斯角，顺利回到斯巴达。墨涅拉俄斯终于再次见到斯巴达王宫西北方被冰雪覆盖、高耸入云的泰格特斯山。

● 海伦再次成为斯巴达王后　回到斯巴达后，墨涅拉俄斯继续做国王，享受余生。一同返回的海伦再次成为斯巴达王后，与墨涅拉俄斯共享王位。在此期间，阿喀琉斯的儿子、色萨利国王涅俄普托勒摩斯追求墨涅拉俄斯和海伦的女儿埃尔米奥娜，娶埃尔米奥娜为妻。

据记载，回到斯巴达后的平静岁月里，海伦常常困惑，不知自己是否应该为特洛伊战争负责[3]。不过，海伦的自责很快被另一种情绪替代。在某种程度上，诸神才是特洛伊战争的始作俑者。海伦认为，如果不是阿佛洛狄忒将自己赏给帕里斯，如果当初奥德修斯与墨涅拉俄斯到特洛伊讲和时，普里阿摩斯和帕里斯同意将自己归还，自己会很高兴地重回墨涅拉俄斯的怀抱，那么战争就不会爆发。

● 海伦返回斯巴达后的生活　总之，海伦重新成为斯巴达王后。据说，忒勒玛科斯外

---

[1]　见《埃涅阿斯纪》。
[2]　见《特洛亚妇女》。
[3]　见《特洛亚妇女》。

出寻找父亲奥德修斯时曾到访斯巴达。海伦也来到宴客大厅,款待客人。海伦的容颜依旧美丽,与在座的客人说起特洛伊的往事[①]。夜里就寝时,海伦拿出一种神奇的药汁,帮助客人舒缓情绪,忘记忧愁。这种"忘忧草"很可能是从遥远的东方传来的大麻[②]。

●海伦之死　当墨涅拉俄斯同战死的同伴一样下到冥府,斯巴达人将墨涅拉俄斯的骨灰埋在铁拉普涅的神殿附近。此时,海伦孤身一人,年事已高,但命运注定海伦无法平静地度过余生。

墨涅拉俄斯与情人所生的两个儿子墨加彭忒斯和尼科特拉特斯,密谋篡夺了斯巴达王位。两人不仅将海伦赶出王宫,还剥夺了海伦的世袭特权和所有财产。海伦只能逃到罗得岛。此时,罗得岛的主人是特勒波勒摩斯的遗孀,阿尔戈斯人波里克索。特勒波勒摩斯曾是海伦的追求者之一,战死在特洛伊平原上。

海伦在罗得岛寻求庇护的消息唤醒了波里克索的丧夫之痛和对海伦的怨恨。波里克索让自己的侍女装扮成复仇女神,将被流放的斯巴达王后海伦杀死。那天,海伦走在前往河边沐浴的路上。突然,一大群伪装成复仇女神的侍女向海伦冲了过去,将她绑在一棵树上吊死[③]。海伦出身高贵,是宙斯的后裔,却在罗得岛上如此凄惨地死去。海伦的死激起了罗得岛人的义愤,他们在岛上建了一座赎罪庙纪念海伦。赎罪庙的名字叫"Helena Dendritis",意为"绑在树上的海伦"。据传海伦死后,她的灵魂被带到勒凯岛——神话中位于黑海的一个"福岛",类似于凯尔特传说中的西方乐土阿瓦隆。在"福岛"上,世间最美丽的女子海伦与世间最勇敢的英雄阿喀琉斯聚在一起[④]。

---

① 见《奥德赛》。
② 药用植物印度大麻。
③ 见帕夫萨尼亚斯的作品。
④ 帕夫萨尼亚斯。

西贝丽女神的雕像。西贝丽女神坐在狮子宝座上,带着权杖和王冠。路易吉·贾里耶(生卒年不详)根据朱利奥·费拉里奥的《世界各民族的古代和现代服饰》手工制作的彩色铜版画。意大利佛罗伦萨,1843年

该尼墨得斯的掠夺。
伦勃朗(Rembrandt,1606—1669)绘

阿波罗和波塞冬为拉俄墨冬建造特洛伊城出谋划策。
多米尼基诺（Domenichino，1581—1641）绘

拉俄墨冬拒绝向波塞冬和阿波罗付款。
约阿希姆·冯·桑格拉特（Joachim von Sandrart，1606—1688）绘

勒达和天鹅。
凯撒·达·塞斯托（Cesare da Sesto，1477—1523）绘

斯巴达王后海伦被帕里斯诱拐
马丁·范·希姆斯克(Maarten van Heemskerck,1498—1574)绘

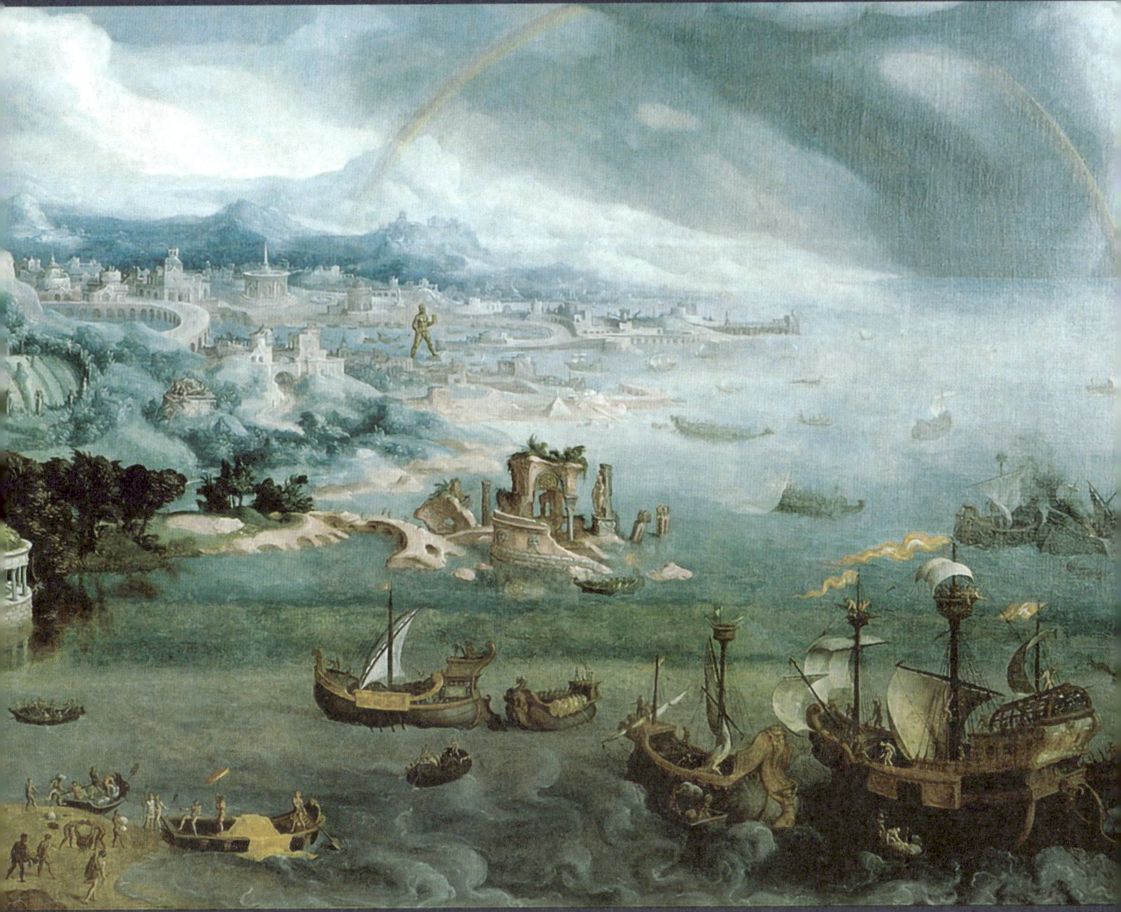

忒提斯将儿子阿喀琉斯浸入冥河。
安托万·波莱尔（Antoine Borel，生卒年不详）绘于 18 世纪

阿喀琉斯的训练
尤金·德拉克洛瓦（Eugène Delacroix，1798—1863）绘

伊菲格纳亚的献祭。
弗朗索瓦·佩里耶（François Perrier，1590—1650）绘

海伦和帕里斯的爱情。
雅克-路易·戴维（Jacques-Louis David，1748—1825）绘

囚禁中的安德洛玛刻
弗雷德里克·莱顿（Frederic Leighton，1830—1896）绘

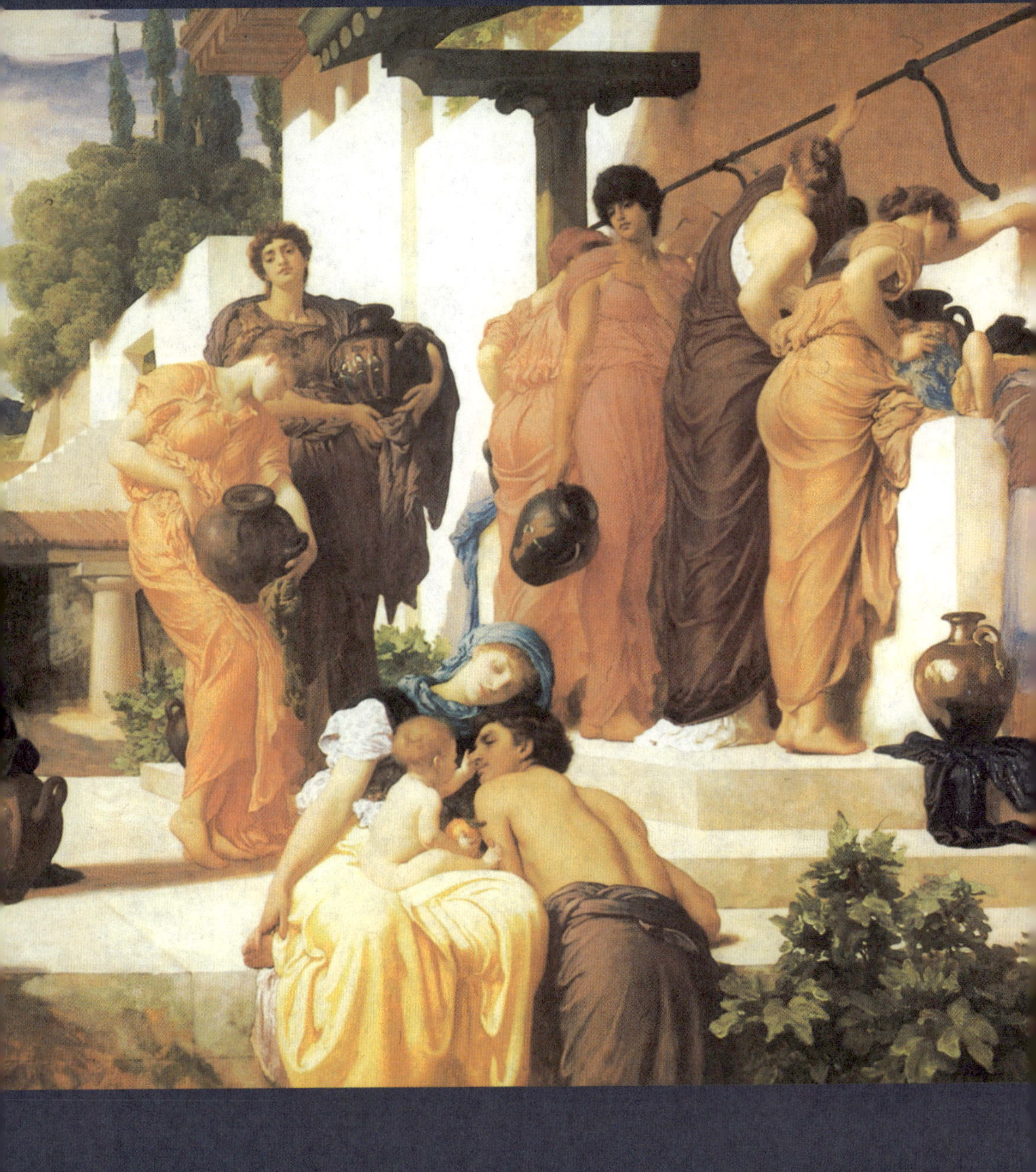

拉俄达弥亚之死。
乔治·W. 乔伊（George W. Joy, 1844—1925）绘

面对被杀的丈夫赫克托耳，安德洛玛刻非常忧伤。
彼得·索科洛夫（Pyotr Sokolov，1791—1848）绘

图努斯杀死潘达洛斯。
温斯劳斯·霍拉(Wenceslaus Hollar,1607—1677)绘

赫克托耳告别安德洛玛刻。
亚当·弗里德里希·奥瑟（Adam Friedrich Oeser，1717—1799）绘

阿喀琉斯哀悼死去的帕特洛克罗斯
维克多·霍诺雷·詹森（Victor Honoré Janssens，1658—1736）绘

忒提斯给阿喀琉斯带来铠甲
本杰明·韦斯特(Benjamin West,1738—1820)绘

安德洛玛刻在特洛伊城墙上看着丈夫赫克托耳的尸体被阿喀琉斯绑在战车后面
伯纳德·皮卡特(Bernard Picart, 1673—1733)绘

帕特洛克罗斯被火葬。
伯纳德·皮卡特（Bernard Picart，1673—1733）绘

赫克托耳墓前的皮拉斯和安德洛玛刻。
J.L. 伦德（J.L. Lund，1777—1867）绘

在阿波罗的引导下,帕里斯准确无误地射中了阿喀琉斯的脚后跟。
维克多·霍诺雷·詹森(Victor Honoré Janssens,1658—1736)绘

门农之死。
莱昂纳尔·高尔蒂埃（Léonard Gaultier，1561—1641）绘

阿喀琉斯与彭忒西勒亚
约翰·海因里希·蒂什宾（Johann Heinrich Tischbein，1751—1829）绘

帕里斯射杀阿喀琉斯。
让-雅克·巴比（Jean-Jacques Barbier，1738—1826）绘

波吕克塞娜的献祭。
乔瓦尼·巴蒂斯塔·皮托尼（Giovanni Battista Pittoni，1687—1767）绘

普里阿摩斯之死

弗朗西斯·克利恩（Francis Cleyn，1582—1658）绘

厄琉斯之子埃阿斯的船沉没,但他成功游到了一块岩石上,说出渎神的话语。
弗朗切斯科·海耶兹(Francesco Hayez,1791—1882)绘

俄瑞斯特斯与皮拉德斯作为受害者被带到伊菲格纳亚身边。
本杰明·韦斯特（Benjamin West，1738—1820）绘

厄琉斯之子埃阿斯的船沉没,但他成功游到了一块岩石上,说出渎神的话语。
弗朗切斯科·海耶兹(Francesco Hayez,1791—1882)绘

奥德修斯被带到喀耳刻身边。
让-雅克·拉格纳(Jean-Jacques Lagrenée,1739—1821)绘

阔别二十年后,奥德修斯终于回到妻子珀涅罗珀身边。
绘者信息不详。绘于19世纪

PART II
第 2 部分

与特洛伊有关的文献与地形学
LITERATURE AND TOPOGRAPHY OF TROY

CHAPTER I
第1章

传说的起源
ORIGIN OF THE LEGEND

●**特洛伊传说的来源** 特洛伊传说的来源众多。在大多数人看来，荷马史诗是特洛伊传说最古老、最重要的源头，甚至对一些人来说是唯一的权威。以上说法中，"最重要的"是无可置疑的，"唯一权威的"却是错误的，而所谓"最古老的"不是十分准确。《伊利亚特》只讲述了特洛伊战争其中五十八天的故事，《奥德赛》主要围绕奥德修斯返回希腊的故事展开。当然，两部史诗内容丰富，是研究特洛伊问题的重要文献。荷马在提及帕里斯和金苹果之争、木马计[①]等故事时都只是一笔带过，可见这些典故在荷马时代必然是人们耳熟能详的。荷马史诗的某些情节也表明当时社会存在吟游诗人，用歌声吟诵诗歌故事。例如，在《奥德赛》中，歌人得摩多科斯在费埃克斯国王阿尔喀诺俄斯的王宫吟唱诸神之爱，歌颂给予自己庇护的诸神。俄耳甫斯与塔米里斯的传说虽然非常晦涩难懂，但同样表明在荷马史诗诞生之前，诗歌的存在与巨大影响力。因为虽然没有确凿证据表明俄耳甫斯与塔米里斯是真实的历史人物，但也没有证据显示他们不是真实存在的。《伊利亚特》中，菲尼克斯老人讲述的墨勒阿革洛斯的传说[②]表明《伊利亚特》这部不朽史诗的创作者从传说与历史中都汲取了灵感。墨勒阿革洛斯之怒与阿喀琉斯之怒的相似性似乎也不仅仅是巧合。

---

① 见《伊利亚特》第24卷。
② 见《伊利亚特》第9卷。

第1章 传说的起源

但毫无疑问,荷马史诗是早期欧洲文学史上的巅峰之作,荷马史诗让我们第一次正面接触到"多风的特洛伊"的伟大传说。

● **特洛伊传说的重要价值** 荷马史诗的文学成就没有任何其他文学作品能超越。它反映了古希腊英雄时代的社会面貌,对研究种族迁徙、宗教和古代社会习俗具有重要的历史意义。说荷马史诗是文学艺术的巅峰毫不为过,因为它对人类文明进步产生的影响无人能及。当然,中国儒家学派创始人孔子、佛教创始人释迦牟尼和伊斯兰教先知穆罕默德的学说也得到了广泛认可。这些先哲的思想影响了世界三分之二的人口,他们的影响早在几个世纪前就已经达到顶峰。反观荷马史诗,它为印欧人[①]提供了文学、宗教、伦理、种族、哲学和历史等一切知识。古代学者致力于研究、批判和阐释荷马史诗。在黑暗的中世纪,荷马史诗是文学艺术创作的源泉。后世的作家、戏剧家更是从中汲取了无限丰富的灵感和养料。时至今日,荷马史诗问世近三千年后,获得的关注丝毫未减,重要性更甚从前。荷马史诗的旺盛生命力令人叹为观止。

● **"荷马问题"研究缺乏决定性证据** 经过大量的调查研究,"荷马问题"最后集中到几个最有争议的主题,其重要性几乎不亚于北极问题。评论家、诗人、历史学家、考古学家、民族学家、地形工程师等学者的分歧集中在以下几个问题:荷马是否真实存在?如果是,《伊利亚特》和《奥德赛》是否都是荷马所著?如果不是,那么《伊利亚特》是不是荷马所著?荷马笔下的特洛伊是否真实存在过?特洛伊战争是不是历史上的真实事件?特洛伊的遗址在哪里?海因里希·谢里曼发现的遗址是否是特洛伊的原址?

● **"荷马问题"的主要分歧** 一代又一代的学者就"荷马问题"展开了激烈的辩论。每个人都坚持己见,仿佛自己的论断建立在无可辩驳的事实基础之上。但事实上,"荷马问题"比其他学术问题更具猜测性和假定性,所以要求研究者具有更

---

① 即说印欧语系语言的人。印欧语系是欧洲大部分地区和西亚部分地区的语言谱系,包括欧洲大部分语言及印度次大陆北部和伊朗高原的语言。

大的包容性。除了偶有例外，目前为止所有"荷马问题"的证据都是基于文本的，是主观的。正如围绕《圣保罗书信》的争议，佚名作品自身的文本可以为完全不同的论断所用，没有真正的说服力。因此，在讨论"荷马问题"时，我们需保持谦虚与冷静，避免绝对性的断言。

●**特洛伊传说的其他来源及"英雄诗系"** 除了《伊利亚特》和《奥德赛》，特洛伊传说的另一个权威来源是被称为"英雄诗系"的一组史诗作品。虽然很多人认为"英雄诗系"是在荷马史诗之后问世的，但至少某些故事情节在时间上是先于荷马史诗的。最初，《伊利亚特》和《奥德赛》与其他一系列与特洛伊相关的诗歌共同组成特洛伊"诗系"。但由于《伊利亚特》和《奥德赛》的深刻内涵和丰富的艺术感染力，逐渐自成一体，被称为"荷马史诗"。其他三十首诗则被归入"英雄诗系"。我们对诗系的诗人所知甚少。已知信息主要来自公元2世纪语言学家普罗克洛斯编撰的《益世文集》。

●**"诗系"作品** 普罗克洛斯的作品显示，亚历山德里亚学派对当时尚存的史诗进行了校订，以《特勒戈诺斯纪》为末，按照神话故事发生顺序排列，使之前后连贯。其中除荷马史诗外，还有五部与特洛伊传说相关。不过，这些作品比荷马史诗逊色太多，流传不广，早已失传。留存下来的仅有六十二行残篇辑语，散落在浩瀚的文学作品中。普罗克洛斯的《益世文集》收集整理了这些残篇辑语，并为其补充内容提要与相应典故，让特洛伊神话的断点得以相连，组成连贯的故事线。简言之，"诗系"诗人的作品是完整的特洛伊传说拼图的一部分。每个"诗系"诗人都为特洛伊传说做出了自己的贡献。

●**施塔西鲁与《塞浦路亚》** 第一部"诗系"作品《塞浦路亚》或《塞浦路斯女神之歌》的作者可能是施塔西鲁或赫格西亚。之所以被命名为《塞浦路亚》，可能是因为其作者来自塞浦路斯，也可能是因为这首诗描写的是塞浦路斯女神阿佛洛狄忒。《塞浦路亚》以阿佛洛狄忒对特洛伊命运的影响为主题，情节包括珀琉斯和忒提斯的婚姻及阿伽门农和阿喀琉斯的矛盾。

第 1 章 传说的起源

●**阿克提努斯及其作品** 据说,米利都人阿克提努斯是荷马的学生。阿克提努斯是公元前776年左右的真实历史人物,这是毫无疑问的。这似乎从侧面证明历史上确有一个叫荷马的人,因为据说荷马生活在公元前8世纪左右。阿克提努斯创作的是一首九千行的诗歌,情节从《伊利亚特》结尾处开始,以赫克托耳之死为开端,描写了门农之死和阿玛宗女王潘提西拉之死等事件,最后以伊利昂的毁灭结束。这首诗实际上被分为两部,分别是《埃提奥匹亚》和《洗劫伊利昂》。

●**莱斯克斯的作品及其考证** 还有一部名为《小伊利亚特》的史诗,内容与《埃提奥匹亚》和《洗劫伊利昂》均有重叠,由莱斯沃斯的莱斯克斯创作,讲述了阿喀琉斯死后的一系列事件,包括几位希腊英雄争夺阿喀琉斯的铠甲,菲罗忒忒斯、奥德修斯、特拉蒙之子埃阿斯等几位英雄的事迹,以及夺取伊利昂几种不同的叙

洗劫伊利昂。
让·毛布兰克(Jean Maublanc,1582—1628)绘

述。从早期批评文章和《小伊利亚特》现存残篇可知,莱斯克斯要么是自己杜撰了情节,要么是借鉴的故事与阿克提努斯的有所不同①。需要指出的是,《小伊利亚特》及其他现已失传的诗系作品的评论都是推测性的,无法考据。亚里士多德认为,莱斯克斯的《小伊利亚特》叙事结构与编年史相似,记录了一个时期内的历史流水账,这不符合史诗的叙事风格。史诗和戏剧的文体原则别无二致,一出戏只讲一件事。如《伊利亚特》或《奥德赛》皆符合此原则,而《小伊利亚特》却可为至少八出戏剧提供题材。但亚里士多德的观点遭到一部分现代评论家的抨击,其中的佼佼者是威廉·缪尔。他们对诗系作品进行了详尽的考证,认为除荷马史诗之外的诗系作品同样具有极高的文学价值。但鉴于留存下来的残篇过于匮乏,对这些残篇的讨论都是徒劳无益的。

●欧迦蒙和黑吉亚斯的作品　除前文已经提及的,诗系诗人还有库瑞涅的欧迦蒙和特洛岑的黑吉亚斯。公元前560年库瑞涅的欧迦蒙创作的《特勒戈诺斯纪》讲述了奥德修斯和喀耳刻的儿子忒勒戈诺斯外出寻找父亲时的冒险经历。特洛岑的黑吉亚斯的《归返》是特洛伊诗系的最后一部,讲述了除奥德修斯之外的希腊英雄们得胜返回希腊途中的冒险故事。

●斯泰西科拉斯笔下的海伦　和其他诗系诗人一样,我们对希马拉的斯泰西科拉斯的了解几乎全部来自古典学者的评论文章。希马拉的斯泰西科拉斯是古希腊最伟大的音乐家和抒情诗人之一,公元前6世纪上半叶声名鹊起。荷马在写到海伦时,总是尽量避免污名化海伦,而在斯泰西科拉斯的笔下,海伦是个道德败坏的女子。在完成一部以海伦为主题的抒情史诗后不久,希马拉的斯泰西科拉斯双目失明。他认为自己失明是因为亵渎了宙斯的女儿海伦,所以为海伦创作了一首翻案诗,以恢复海伦的美名。前文曾经提及有一种版本的传说中,海伦从来没有去特洛伊,被帕里斯带到特洛伊的只是海伦的一个幻象。这一大胆篡改正是

---

① 这是马克斯·米勒的观点。

出自希马拉的斯泰西科拉斯。

●希罗多德笔下的海伦 海伦是否前往特洛伊还有另一种说法，它出自希罗多德。希罗多德根据埃及的相关文献判断，帕里斯带着海伦返回特洛伊途中曾在埃及停留。埃及国王普洛透斯得知帕里斯带着墨涅拉俄斯的妻子海伦私奔，便扣留了海伦，只允许帕里斯离开。希腊使团到特洛伊要求帕里斯归还海伦时，海伦其实在埃及，但希腊人不相信。当然，这是诸神借希腊人摧毁伊利昂的托词。战争结束后，墨涅拉俄斯在返乡途中路过埃及，发现并带回了海伦。

●悲剧作家以海伦为主题创作的作品 雅典悲剧大师埃斯库罗斯也为特洛伊传说提供了细节和养分。不可否认，这些悲剧作品充满戏剧的夸张与想象，是作者抒发己见的媒介，但作品素材的主要来源是当时正处于盛行期的"英雄诗系"和社会传统。事实上，这些悲剧作品已经成为了解当时社会传统的重要文献。古希腊三大悲剧作家的现存作品与特洛伊传说相关的，有三部来自埃斯库罗斯，即《奠酒人》《复仇女神》和《阿伽门农》。《阿伽门农》描写了阿伽门农之死和卡桑德拉之死，是古希腊当之无愧最伟大的作品之一。

索福克莱斯流传至今的作品中，与特洛伊相关的有《菲罗克忒忒斯》《厄勒克特拉》和《埃阿斯纪》。欧里庇得斯现存的十八部作品中，与特洛伊相关的有《赫卡柏》《安德洛玛刻》《伊菲吉尼娅在奥里斯》《俄瑞斯特斯》《瑞索斯》《在陶里斯的伊菲格纳亚》《特洛亚妇女》《海伦》和《厄勒克特拉》。这些伟大的作品不仅让我们学习了先哲对人生的思考，而且让我们认识到荷马史诗的博大精深和丰富内涵。特洛伊战争无论是历史，还是虚构的幻想，或者是对人与神灵之间关系的解读，都是人类文明发展史上最了不起的传奇。

●其他与特洛伊相关的传说 奥维德和维吉尔的作品也提及特洛伊传说，但版本和前文略有不同，因为记录者必然受到当时社会传统的影响，而社会传统总是在不断流动、变化。另外，帕夫萨尼亚斯、希罗多德、修昔底德和一些散文作家、语言学家的作品中也有特洛伊传说的记载，甚至包括一些别处没有的内容。另一个特洛伊传说的来源，因作者身份存在较大争议，可信度存疑。据说，罗马帝国朱里亚·克劳狄王朝[①]的最后一代皇帝尼禄在前往爱琴海途中，在克里特岛遇到大地震。克诺索斯的一座坟墓被地震震开，露出墓内的一份腓尼基语的手稿。手稿是克里特的狄克提斯所著的《特洛伊战争》，他曾陪同克里特国王伊多墨纽斯前往攻打特洛伊。该手稿后来由尤普拉西德斯译成希腊文。罗马皇帝戴克里先统治时期，塞普提米乌斯将其翻译为拉丁文。不过，多数人认为，手稿并非克里特的狄克提斯所著，而是出自尤普拉西德斯本人。尤普拉西德斯为特洛伊传说补充了许多细节。可惜这些细节取材的作品现在早已失传。还有一个可能是手稿作者是一位现在还不为人知的作家。这些手稿的故事虽然很离奇，但并非绝无可能。比如，1870年的一次大地震中，秘鲁有一个古墓被震开，埋葬其中的墓主人和宝藏暴露到地面上，而地中海东部海岸千百年来一直有剧烈的火山活动。

●狄克提斯、达勒斯及圭多·德尔·科隆内　罗马作家艾利安引用的另一个研究特洛伊的权威是弗里吉亚的达勒斯，一位特洛伊祭司。不过，达勒斯的作品早已失传。1523年，在巴塞尔出版的拉丁语诗《特洛伊战纪》是以达勒斯作品为蓝本创作的，全诗共六卷。最初，人们误以为《特洛伊战纪》是尼波斯的作品，后来发现其真正作者是约瑟夫·伊斯卡努斯。约瑟夫·伊斯卡努斯的《特洛伊战纪》和克里特的狄克提斯的《特洛伊战争》让许多中世纪学者如痴如醉。1237年，西西里法理学家、诗人圭多·德尔·科隆内的拉丁文传奇故事《特洛伊毁灭史》正是从《特洛伊战纪》和《特洛伊战争》两首诗中汲取养料，融合骑士时代的习俗和思维模式后创作的中世纪风格的小说。虽然《特洛伊毁灭史》看起来不伦不类，却和《高卢的阿玛迪斯》一样受欢迎，甚至被译成多种欧洲语言。当时的人们普遍不识字，所以将圭多·德尔·科隆内的特洛伊传奇故事当作真正的历史传诵。欧洲的贵族纷纷宣称自己家族是某个特洛伊英雄的后裔。僧侣们因此找到一个新的

[①] 朱里亚·克劳狄王朝是公元前27年到公元68年统治罗马帝国的五位皇帝构成的王朝，包括屋大维、提比略、卡利古拉、克劳狄乌斯和尼禄。——译者注

第1章 传说的起源

职业方向——为欧洲贵族以特洛伊英雄为源头编撰族谱。甚至连王室也被这股风潮感染，比如英格兰人坚信英格兰王国第一位君主是特洛伊流亡的大英雄埃涅阿斯的后裔特洛伊的布鲁图什①。这种荒唐的说法到14世纪还存在于英格兰王国官方文件中。甚至在之后的两个世纪，历史学家依然信以为真。

●**克里斯托弗·马洛及歌德笔下的海伦** 在著名的亚瑟王传奇中，埃克特爵士、帕拉米迪斯爵士、阿利桑德爵士和伊莱恩的名字都受到荷马史诗的影响。比起海伦，伊莱恩更像希腊人的名字。中世纪开始，浮士德传说广为流传。从此，特洛伊传说中的海伦就和大魔术师浮士德联系在一起。克里斯托弗·马洛的《浮士德博士的悲剧》正是脱胎于浮士德传说。歌德的诗剧《浮士德》也借浮士德这一中世纪传说探索人生的意义。在《浮士德》第二部分有一幕就是以海伦为主要角色。

威廉·莎士比亚、让·拉辛、维托里奥·阿尔菲耶里和其他现代剧作家也创作了以特洛伊为主题的作品。这些优秀的作品延续了世人对特洛伊传说的兴趣，也从另一方面说明特洛伊传说作为文学艺术创作的源泉，为作家提供了源源不竭的创作灵感。

●**荷马史诗的翻译、荷马史诗的英语译本及波塞冬激励希腊人的演讲** 《伊利亚特》和《奥德赛》被译成多种欧洲语言。最有影响力的法语版出自保罗·热雷米·比陶韦和达西耶夫人②；意大利语版出自温琴佐·蒙蒂和梅尔基奥雷·卡萨罗蒂；德语版出自约翰·海因里希·福斯。英语版出自乔治·查普曼、托马斯·霍布斯、亚历山大·蒲柏、威廉·柯珀、弗朗西斯·纽曼、威廉·索思比、爱德华·史密斯·斯坦利和威廉·卡伦·布赖恩特。英语译本中，乔治·查普曼、亚历山大·蒲柏和爱德华·史密斯·斯坦利的译本更出色。虽然乔治·查普曼和亚历山大·蒲柏的译本不如威廉·柯珀或威廉·卡伦·布赖恩特的准确，不那么贴合原文的字面意思，

---

① 这是蒙茅斯的杰弗里、拉斐尔·霍林斯赫德等人的观点。
② 达西耶夫人是一位法国学者、翻译家、评论家和古典文学编辑。她大力推崇古典文学，尤其是《伊利亚特》和《奥德赛》，并出版了一系列的法语译本。——译者注

但《伊利亚特》的译文本应展现出的是热情、充满活力的语言风格。我们可以在乔治·查普曼和亚历山大·蒲柏的译本中感受到这样的热情与活力,爱德华·史密斯·斯坦利的译本则要稍逊一等。诗歌翻译需要的不仅仅忠实于原文,更重要的是对诗歌意境的渲染。意译比直译更能传递原文的意境。总的说来,亚历山大·蒲柏翻译的《伊利亚特》比其他所有英语版本都能更好地重现原著。《愚人志》的作者亚历山大·蒲柏言语犀利,知道如何增强演说的渲染力。以下《伊利亚特》节选描写了波塞冬借卡尔卡斯之口,激励希腊人奋起抵抗特洛伊人的攻击的场景[①]。

"这是可怕的耻辱啊,
善战的英勇首领,年轻士兵们;
相信神,而你们也将看到
勇敢的希腊人取得战斗的胜利,成功保卫船舶。"
啊,不……你们在回避这场险恶的战斗,
你们让希腊人过去的荣耀蒙羞。
天哪!我看到的是怎样的一个奇迹,
从未见过,从未想过,直到这神奇的一天!
我们竟然在逃避与特洛伊人的战斗?
我们的船就要落入手下败将的手中?
一群没有纪律的溃军,一支摇摇欲坠的队伍,
他们生来懦弱,不配获得战斗的荣光;
他们就像容易受惊的小鹿,
被猛兽追逐着,在林中乱窜;

---

① 见《伊利亚特》第23卷。

第 1 章 传说的起源

你们要让这些曾经因你们而吓得颤抖的特洛伊人,

入侵你们的营地,让你们的船陷入火海吗?

如此可耻的变化,是什么原因造成的?

是士兵们的软弱,还是统帅的过错?

傻瓜!因为心怀怨恨就不愿战斗,宁愿死在这里吗?

因为统帅阿伽门农的恶行,而付出生命的代价?

"阿喀琉斯名声受损,不是因为你们:

他人犯错,但蒙羞的是你们。

阿伽门农确实因愤怒或贪欲犯了错,

但你们要因此做个懦夫逃避战斗吗?

勇敢作战吧,拯救希腊人:

让我们赶快找回勇者的精神。

想一想吧,去征服吧!对于其他逃避战斗的人们

我不想指责,因为他们不知羞耻为何物;

但你们,我们希腊人的骄傲,

看到你们失去曾经的荣耀,我的心在滴血!

我并不认为你们今日的战斗会失败;

你们如果继续懈怠,将会造成更大的不幸。

每个珍视名声和生命的人都应该反省,

想想那无尽的恶名,想想那即将到来的死亡,

因为激烈的战斗已经在这海岸展开,决定命运的时刻已经到来。

哈!寨门已被冲破,门闩一起被折断

善战的赫克托耳已经杀到寨墙边;

此时,此地,要么征服,要么死亡。"

CHAPTER II
第 2 章

荷 马
HOMER

就目前掌握的资料，荷马和归在荷马名下的两部恢宏史诗——《伊利亚特》和《奥德赛》，是特洛伊传说的源头。因此，我们有必要探究一下伟大的诗人荷马是谁？荷马的形象在传统历史的迷雾中显得庞大而神秘。但历史上究竟有无荷马其人？或者荷马是被虚构出来的一个意象？荷马是不是伟大的荷马史诗的作者？与荷马同时代的学者对荷马是如何评价的？经过长期调查，在更严谨的考据和更广泛的语言学资料的支撑下，后世学者对荷马、《伊利亚特》和特洛伊又是如何评价的？本章将探索这些问题的答案。

●荷马的生平　古人始终相信荷马是历史上真实存在的伟大诗人。关于荷马资料很少，所以对其生平有很多说法。虽然这些说法的真实性存疑，但仍具有一定的史料价值。古希腊历史学家希罗多德曾叙述了荷马的生平。鉴于希罗多德当时的学术地位，他对荷马生平的记录被认定为是最权威的。虽然希罗多德对荷马生平的介绍存在诸多争议，但其可信度依然很高，并与归在普鲁塔克名下的荷马传记一起，成为后世许多关于荷马生平说法的重要依据。不过，后来人们发现归在普鲁塔克名下的荷马传记其实并非普鲁塔克所著。

●荷马的父母　据希罗多德说，一个叫墨涅利普斯的雅典人去了伊奥尼亚的库迈，临死前将女儿克里希斯托付给朋友克里奈克斯。但克里奈克斯有负嘱托，发现克里希斯怀上自己的孩子后，立刻将克里希斯送到了士麦那。克里希斯腹中的

第 2 章 荷　马

孩子正是荷马，出生在士麦那的梅莱斯河河畔。荷马出生后，母子二人住在梅莱斯，以织毛线为生。

●荷马的采风之旅　当时，士麦那有一所著名的语言学校。创办人菲米奥斯被克里希斯高洁的品质吸引，展开了追求。之后，菲米奥斯娶克里希斯为妻，同时收养了克里希斯的儿子梅莱斯西葛尼斯，即荷马，对荷马悉心教导，视若己出。菲米奥斯死后，荷马继承了继父的财产，包括菲米奥斯创办的那所语言学校，并在学校里担任教师，声名鹊起。这段时间，荷马萌生了创作《伊利亚特》的想法，并在一个叫门泰什的水手的劝说下，出海游历采风，收集并整理特洛伊传说。这次采风之旅，荷马最远走到了意大利和西班牙。返回时，荷马在伊萨基岛遇到了尤利塞斯，并从尤利塞斯那里获得了许多特洛伊战争的重要细节。

●荷马之死　荷马的采风之旅耗费了多年时间。等他再次回到达士麦那时，几乎已经没有人记得他了。但正是此次周游地中海地区让荷马创作出人类历史上最伟大的史诗之一。荷马史诗对"诗系"诗人而言是一笔珍贵的遗产，即使彼时其创作者荷马早已被遗忘，甚至连荷马是否是真实历史人物都受到质疑。荷马从一个城邦流浪到另一个城邦，吟诵自己创作的诗歌，最后来到希俄斯岛的沃利索，在沃利索开办了一所学校，结婚并定居下来。荷马和约翰·弥尔顿一样，都有两个女儿，并且都在老年时双目失明。据说，《奥德赛》是荷马是在希俄斯岛定居时创作的。即使到了暮年，荷马依然不知疲倦，游走在希腊各地吟诵自己的两部史诗，使其传播得更远。后来，荷马在航行途中死于伊奥斯岛。岛上居民还在海边为荷马修建了一座坟墓作为纪念。

●关于荷马名字的几种猜测　以上就是流传至今的荷马生平的介绍。史学界认为这些记载并不可靠，但其实这些记载在细节上问题不大。之所以让人质疑，原因之一是该生平介绍的成文时间比根据史料推断的荷马生活的年代要晚好几个世纪。同时，一些重要的荷马研究者根据荷马史诗的内容与风格判断这些史诗不是出自一人之手，所以不相信存在荷马其人。荷马研究者声称，荷马的名字是从梵语衍生出来的一个通用名词，有好几个不同的意思。但他们对"Homeros"的解释并不令人信服。

有人说"Homeros"的意思是"人质"，也有人说它的意思是"编撰者"。古希腊辞书家苏达斯认为"Homeros"的意思相当于"顾问"。伊奥斯人说"Homeros"的意思是"追随者"。马克西米利安努斯·泽恩布奇则推测"Homeros"是伊奥里斯语中色雷斯盲诗人塔米里斯的意思，这种可能性确实存在。古代学者普遍认为"Homeros"是一个假名，但毫无疑问，它现在已经成为史诗的代名词。

还有人断言，现存的几本荷马传记明显是伪作。同时，没有任何荷马存在的确凿证据，足以证明荷马只是一个神话，是一个神秘而真实的意象。

●通过威廉·莎士比亚的例子证明荷马的真实存在　在开始讨论"荷马问题"之前预设荷马是历史上真实存在的诗人，似乎过于简单、武断了。所以首先需要对"荷马确实存在"这一命题做充分论证。让我们做一个简单的对比。威廉·莎士比亚生活的年代，文学艺术繁荣昌盛，印刷技术成熟。同时，他本人还是自荷马以来最伟大的作家。威廉·莎士比亚及其作品本应没有争议空间，但现实并非如此。有人认为威廉·莎士比亚作品的作者另有其人，而此时距离威廉·莎士比亚去世还不到三个世纪。

中世纪文学和艺术成就是辉煌的，其中最突出的莫过于中世纪教堂。不过，虽然这些建筑举世闻名，但设计建造它们的建筑师却鲜有人知。文学界也存在类似的情况。例如，对于撒克逊人的史诗文学，西班牙的英雄史诗，骑士时代的大量传奇，斯拉夫人的英雄悲歌，我们都只知作品不知其作者。与荷马时代口口相传不同，这些作品产生的时代已经有更好的留存作品及其创作者的条件，但事实上，只有作品完好地流传下来，其作者却消失在历史长河中。历史上对这些作者的记载不多。似乎很少有人意识到，这些诗歌或传奇必然有作者。波斯诗人发现，人们往往眼中只有作品，而忽视或忘记其作者。于是，无论是简单的对句短

晚年的荷马及其向导。
绘者信息不详

诗还是长篇史诗,波斯诗人创作时总是将自己的名字巧妙地融入作品中,以此延续自身的存在,从而不被历史遗忘。

某些学者断言,关于荷马的记载太少,甚至部分说法来自神话,所以荷马并不是历史上的真实人物。对此,我不认同。前文关于创作者被历史遗忘的讨论、荷马之名被反复提及的事实及数位古代学者对荷马的溢美之词,足以证明荷马的存在。

其实古希腊人从未怀疑过荷马的存在。对古希腊人而言,荷马是一个活生生的、历史上存在过的诗人,是希腊民族奔涌的灵感的源泉。由于荷马的赫赫声名,他的出生地也有很多说法。曾经有七个地方的人竞相争夺荷马的"所有权"[①]。经考据,士麦那是荷马出生地的可能性最高,而其他几个地方都没能提供更为确凿的证据。士麦那还流传着一个与荷马出生有关的传说,亦可视为士麦那是荷马故乡的旁证。

●阿得曼托斯·科雷　不过,可能荷马的大部分时间是在希俄斯岛西边的沃利索村度过的。沃利索村至今仍以此为名。现代荷马研究者中学识最为渊博的阿得曼托斯·科雷是黎凡特本地人。他整理翻译古希腊文学作品的序言,就将场景设在沃利索村。

●荷马是盲人　在荷马的《阿波罗颂歌》中,曾提及"一个盲人,生活在崎岖的开俄斯"。这一典故确认与了关于荷马的两个说法:荷马出生或居住在开俄斯;以及荷马是盲人。历史学家修昔底德,古希腊最睿智的学者之一,认为这就是荷马是盲人的确凿证据。

●"荷马之子"　在沃利索村有一所歌人学校。歌人也被称为吟游诗人。这所歌人学校可能是荷马本人所建,也可能是在荷马死后不久,由一群被称为"荷马之子"的团体所建,来延续荷马的名声。与早期的吟游诗人不同,诗人在吟诵时不

---

① 这是奥拉斯·哲利阿斯的观点。

第2章 荷 马

使用竖琴伴奏,而是有节奏地挥舞的手杖来配合吟诵①。需要补充的是,古代学者认为荷马生活的时间在公元前850至750年左右,接近古希腊人开始以奥林匹克运动会来计算年代的时期。

●荷马生活的年代及荷马与赫西俄德 根据托马斯·霍华德收藏的古希腊大理石石碑、希罗多德和一些其他权威判断,荷马生活的年代大约是公元前9至8世纪,比其他古代学者认定的年代更早一个世纪。据说,荷马和赫西俄德曾在哈尔基斯参加过一场诗人比赛。毫无疑问,虽然赫西俄德比荷马年轻,但并不意味着赫西俄德与荷马不是同一个时代的人。赫西俄德是真实历史人物是毋庸置疑的。那么,"作为荷马继承人的赫西俄德是真实存在的"这一事实间接地证明了荷马也是历史上真实存在的。

●索隆与庇西特拉图的推动作用 古代希腊从半原始社会发展到伯里克利时代的这段时期,荷马史诗已经在亚洲希腊殖民城镇和小村庄中传唱,再由莱克尔加斯从伊奥尼亚传到希腊。以上说法没有文字记载,只是传说。不过,史料确有记载索隆规定雅典娜女神节上吟诵的《伊利亚特》必须是自己核定的版本。英国历史学家乔治·格罗特认为这一记载说明当时《伊利亚特》已经不再是口口相传的颂诗,而是以文字形式流传于世,并且具有较高的普及率。毫无疑问,索隆规定吟诵诗歌的人必须按照自己核定的手稿进行吟诵这一事实说明无论是完整的《伊利亚特》还是其中单篇的颂诗,在当时都是以文字形式出现的。这一事实足以推翻帕夫萨尼亚斯和一些罗马学者的观点。他们认为是雅典政治家庇西特拉图命人将当时零散的伊利亚特故事串联起来进行吟诵。按帕夫萨尼亚斯的说法,雅典学者是在庇西特拉图的命令之下,将松散零落的颂诗连接成一个和谐的整体。这一说法遭到弗里德里希·A. 沃尔夫、马克斯·米勒和其他几位德国批评家的驳斥。不过,弗里德里希·A. 沃尔夫等人的理论缺乏确凿证据,因此他们的批

---

① 这是英国历史学家乔治·格罗特等人的观点。

评几乎是站不住脚的。如果弗里德里希·A.沃尔夫的理论能够成立，就没有必要再讨论荷马是否存在的问题了。实际上，庇西特拉图派雅典诗人奥诺玛克利托斯校正已经是一个相互关联的完整体的《伊利亚特》。赫拉克利亚的佐披洛司和克罗顿的俄耳甫斯从旁协助，修改《伊利亚特》被篡改的部分或错误之处。这些错误主要是由于最初的《伊利亚特》是口口相传，因而产生了偏差。亚历山德里亚学派学者甚至没有提到庇西特拉图的修订，因为他们不认为庇西特拉图对荷马史诗的校正有任何值得注意的重大修改。

● **荷马对希腊文明的影响及荷马的影响力**　《伊利亚特》和《奥德赛》对希腊文明的发展影响至深。有了索隆和庇西特拉图两位执政官的背书，荷马史诗注定比古代乃至现代的任何作品都更加具有广泛的影响力，堪比《圣经》或者威廉·莎士比亚作品在英语语言国家中的地位。荷马史诗一度成为戏剧家、演说家、哲学家和政治家的研究对象，成为文学界的标杆，与赫西俄德的《神源论》一样，成为古代学者汲取神学思想的源泉。荷马被奉若神明。希俄斯岛、亚历山德里亚、士麦那和其他一些地方都有荷马的神殿。人们甚至举办竞技赛事来纪念荷马。实际上，在阿尔戈斯，当地人不仅信仰阿波罗，也祭祀荷马。阿波罗是执掌音乐之神，而荷马是吟游诗人[①]。

● **哲学家们与荷马史诗的伦理观**　前文说过，哲学家也对荷马进行了研究。正是这些哲学家让荷马的影响力发挥到了极致。然而，首先攻击荷马的也正是这些哲学家。他们化身伦理学家，在承认荷马卓越天赋的同时，强烈抨击《伊利亚特》和《奥德赛》的宗教伦理。色诺芬就是其中之一。比较而言，柏拉图的意见更具权威性和影响力。柏拉图认为神不应是荷马刻画的那样不堪，神应该是无垢的、至善的。柏拉图对神的观点大概是雅典文明信仰真善美的开端。柏拉图说："虽然我从小对荷马怀有敬爱之心，即使现在也不愿意说他的不是，因为他是那些美

---

① 这是古罗马作家艾利安的观点。

第2章 荷马

好的悲剧诗人的代表和老师。但对一个人的尊敬不应该高于真理,因此我要讲出自己的心里话。"①

●柏拉图反对荷马史诗的理由　柏拉图认为,不应该让城邦的人阅读荷马史诗②,因为荷马史诗激发读者的非理性情感,压制理性思考。荷马让神从令人仰视的神坛走下。荷马笔下的某些英雄残忍、撒谎成性,容易败坏公众的思想。最重要的是,诗歌不能作为城邦文化的真理来信仰,因为诗歌和哲学是对立的。

但有趣的是,柏拉图所谓"荷马刻画的神顽劣而不真实"恰好可以在《圣经》中的《诗篇》关于大卫的诗中找到照应。

荷马说:

> 宙斯的门前放着两个箱子
> 箱子里是他赠给人类的礼物:一个装福,一个装祸
> 如果闪电之主宙斯给人福祸混合的命运
> 那人的运气有时好,有时坏;
> 如果他只给人悲惨的命运,那人便羞辱缠身,
> 被悲惨的命运碾压,被迫在大地上流浪,
> 不被神青睐,也不受凡人尊重。③

我们在《诗篇》中读道:"因为耶和华手中有杯,酒是红色的,杯内斟满了掺杂的酒。他倒出来,其中的渣滓,地上所有的恶人都喝尽。"④

《圣经》中还有一处与荷马史诗相似的情节。荷马史诗中,宙斯曾托梦给阿伽门农,用虚假的情报哄骗阿伽门农,而在《圣经》中上帝曾派一个说谎的灵魂

---

① 见《理想国》。
② 柏拉图认为人们应该阅读歌颂神的美好、赞美好人的诗歌。——译者注
③ 见《伊利亚特》第24卷。
④ 见《诗篇》第75章。

进入亚哈[1]的梦中。在荷马史诗和《圣经》的段落之间还可以找到许多其他的相似之处。这表明《圣经》和荷马史诗有着共同的起源与道德规范。

●**荷马史诗的伦理观** 古希腊先贤敏锐地意识到荷马著作的伦理影响及某些情节所谓的"恶性",结果一些评论家为了良好的道德观而冒险改写甚至删除这些情节。即使是古希腊伟大的评论家阿里斯塔胡斯[2]也受到这种倾向的影响。尽管阿里斯塔胡斯对荷马深表钦佩,但他还是在《伊利亚特》第九卷中删掉了四行[3]。阿里斯塔胡斯认为荷马笔下的英雄毫不讳言承认自己参与了犯罪,将导致人们对人性丧失信心。

●**安东尼·阿什利·库珀对荷马的评价** 现代人很难体会荷马史诗的深刻影响力,因为对现代人而言《伊利亚特》只是传说的集合,但对古希腊人而言,荷马史诗是希腊古典时期文化教育的基础。在现代人看来,荷马无意扮演伦理学或神学教师的角色。荷马只是一个天才诗人,以史诗的叙事形式,讲述着或多或少虚构的故事。荷马只是一个记录者,不干预故事中的人物的演绎,不加以评论。英国作家安东尼·阿什利·库珀称荷马为"滑稽剧作家",并对荷马史诗中的人物做了以下精彩评述:"荷马既不赞美笔下人物的美德,也不代他们发声。这些人物只是静静地出现在读者视野中,展示自己各自的鲜明个性!他们各有特点,说话行事各不相同。他们永远只是他们自己。这些人物的一言一行被荷马安排得井井有条,展示各自的性格与品行,恰如其分。而这比任何说教都更加有效。荷马自己没有以无所不能、无所不知的大智慧形象出现在诗中。可以说,诗中几乎无法发现诗人自己的身影。这才是真正的大师。"

必须承认,《伊利亚特》的某些篇章看起来确实有明显说教痕迹。这在现代

---

[1] 根据希伯来《圣经》,亚哈是以色列王国的第七位国王。他是一个邪恶的国王,纵容自己的妻子西顿的耶洗别引人异教。——译者注
[2] 阿里斯塔胡斯(约公元前217—公元前145年),古希腊评论家和语言学家,因对荷马史诗研究的贡献而闻名。——译者注
[3] 这是普鲁塔克、乔治·格罗特等人的观点。

第2章 荷 马

诗歌中很常见,但在古代诗歌中确实颇为罕见。赫克托耳与波吕达摩斯的对话就是个极好的例子。诗人不仅试图为信仰制订规则,同时令人感到震惊的是诗人对当时普遍接受的宗教习俗表现出的蔑视。诗人对当时的神学"真理"似乎持有不同的理解,而这正是那个伟大时代思想领袖所特有的。

戴着头盔的赫克托耳怒目而视,回答说:

> 波吕达摩斯,你所说的话
> 令我厌烦,你本该很容易想出
> 更好听一些的话说。如果你刚才说的
> 确实是你真心所想,那毫无疑问神已经
> 让你失去了理智。你要我
> 受那空中飞翔的鸟儿所制,
> 我对它们并不关心,也不在意
> 它们是朝右飞向晨曦,飞向太阳,
> 还是朝左飞向黄昏,飞向夜晚。我们应该
> 倾听伟大的宙斯的心声,他统治
> 所有神和凡人。预兆
> 只有一个,最好的也是最确定的,
> 为国而战。为什么你如此害怕战斗
> 害怕厮杀?即使大家都战死在
> 希腊人的战船边,你也不用担心
> 你会丢掉性命,因为你没有信心
> 与敌人对峙;你不是勇士!
> 不过,如果你胆敢远远躲避这场战斗,或是
> 巧言蛊惑他人与你一样逃避战斗,

那么你将在我挥舞的长矛下丢掉性命。[1]

● **亚历山德里亚学派语言学家对荷马的研究** 除了哲学家对荷马伦理观的批评，荷马史诗受到古人的广泛颂扬[2]。当时，荷马的真实存在无人质疑，作为《伊利亚特》和《奥德赛》两部史诗的作者身份也无人质疑。对荷马史诗进行注释或修订的文学批评家非常多。公元前3世纪，负责筛选、整理古希腊经典的亚历山德里亚学派的领袖阿里斯塔胡斯知识渊博，品格高尚，在学术批评领域的地位就如荷马之于诗歌，柏拉图之于哲学。文学界应该感谢阿里斯塔胡斯，因为他对古希腊经典作品，尤其是对荷马史诗进行了认真的校对和整理。阿里斯塔胡斯详尽、细致地核对，斟酌每一个字，删除文本中被篡改的部分，并把两部荷马史诗各分为二十四卷。他对荷马史诗的沿边注释或旁注也具有很高的学术价值。这些史料现存于威尼斯的马尔奇安图书馆。

将罗马灭亡前所有亚历山德里亚学派语言学家及其作品罗列出来毫无意义。单是名录就足以填满一卷书。虽然这些人的意见往往不具有太大影响力，但他们对经典作品的旁注具有极高的价值。一些早已失传作品的摘要，例如"诗系"诗人的作品，正是出自亚历山德里亚学派语言学家手稿中的旁注。12世纪的作家塞萨洛尼基的欧斯塔修斯的手稿就保留了一些已经失传作品的摘要，是研究荷马的丰富宝藏。

---

[1] 《伊利亚特》第20卷。
[2] 有一个例外是古希腊语言学家佐伊鲁斯（约公元前400—公元前320年）。他写了九本书，辛辣地抨击了荷马史诗，结果被称为Homeromastix，意为"祸害荷马的批评家"。

CHAPTER III
第 3 章

德国学者对荷马的研究
GERMAN CRITICISM ON HOMER

●18世纪前的荷马研究及约瑟夫·艾迪生对荷马的评论　在相当漫长的一段时间里,没有人讨论诸如荷马是否真实存在等"荷马问题"。中世纪,人们阅读伟大的荷马史诗,除了偶尔用作典故或在颂扬性评论中提及这位诗人,没有人质疑荷马。人们毫无保留地相信荷马真实存在,相信特洛伊战争是真实的历史事件。1711年,博学而具有敏锐洞察力的作家约瑟夫·艾迪生在一篇关于民谣《切维厄特山追猎之歌》的评论文章中写道:"英雄史诗应该建立在较高的道德准则之上,并且这些道德准则必须符合诗人所处的时代和国家的法律。在现代评论家看来,这是一个铁律。荷马和维吉尔的诗皆遵循该原则。希腊是许多城邦的集合。这些城邦相互敌对、纷争不断,给了希腊诸城邦的共同敌人波斯帝国以可乘之机。为了让希腊诸城邦结成攻守同盟,荷马以希腊诸城邦的不和为主题写就了伟大的荷马史诗。但希腊诸城邦为了对抗共同的敌人而结成的联盟,却在战争中因内讧而让敌人有了可乘之机。"①

　　这段评论过于天真,反映出约瑟夫·艾迪生对荷马的常识知之甚少。例如,荷马生活的年代比希波战争要早好几个世纪,荷马史诗不可能是为了对抗波斯帝国而创作的。约瑟夫·艾迪生之后出现一批荷马批评家,他们质疑荷马的身

---

① 见《旁观者》。

份,认为《伊利亚特》由多篇作品的拼接而成,认为特洛伊战争是虚构的故事。

●**现代荷马批评的起源及理查德·本特利的观点** 17世纪后半叶,法兰西王国的学者弗朗索瓦·埃德兰和夏尔·佩罗指出,无论《伊利亚特》的作者是不是荷马,这部作品都是由许多独立的抒情诗组成的。大约同一时期的伟大古典文学评论家理查德·本特利认为:"荷马创作了一系列颂歌,在节日和其他庆典上吟唱,以赢得观众的赞赏、赚取微薄的收入。《伊利亚特》是为男人创作的,而《奥德赛》则是为女人创作的。大约五百年后,这些独立的片段才以史诗的形式被收集在一起。"理查德·本特利的学术水平是极高的,但他和许多古典学者一样,鉴赏文学作品的能力平平。他对威廉·莎士比亚、弗朗西斯·培根、约翰·弥尔顿都不屑一顾!真正的学术批评家不仅需要具有极高的语言、文学造诣,还需要具有与被批评对象共情的能力。乔瓦尼·B. 维科在1725年就"荷马问题"表达了类似的观点。

●**弗里德里希·A. 沃尔夫出版《荷马绪论》** 这些批评家的观点,特别是理查德·本特利的观点,似乎没有掀起太大的波澜。但事实上,他们为后来的弗里德里希·A. 沃尔夫的理论奠定了基础。弗里德里希·A. 沃尔夫本人也曾直言理查德·本特利是现代"荷马问题"理论的鼻祖。从此,那些模糊的、偶发的荷马批评终于有了系统性理论,让欧洲学者惊愕不已。1795年,弗里德里希·A. 沃尔夫出版了《荷马绪论》。在此之前只是"战前"热身,而《荷马绪论》的发表终于为一场轰轰烈烈的论战揭开了帷幕。刹那间,欧洲评论家,特别是德国和英国的评论家或支持或反对,陷入了激烈的争论之中。这场争论的硝烟至今还未散去。

●**弗里德里希·A. 沃尔夫关于《伊利亚特》的观点** 弗里德里希·A. 沃尔夫才华横溢,并且勤恳专注。他的理论逻辑严密,论证有力,让保守派沮丧不已,却又无可奈何。他认为,《伊利亚特》不是荷马或其他任何一位诗人的作品,而是由多个作者创作的十七首短诗拼接而成的。这些短诗是在庇西特拉图的命令下,从大量特洛伊主题的民谣中挑选出来,汇编成一个整体,但故事存在瑕疵,前后有些不一致。因此,在庇西特拉图之前的年代,没有像《伊利亚特》这样的史诗存在。弗里德里希·A. 沃尔夫的论点是基于帕夫萨尼亚斯、约瑟夫斯和西塞罗的判断，他们都认为庇西特拉图的命令对荷马史诗的形成起到重要作用。但必须公正地说，帕夫萨尼亚斯等人从未质疑过荷马的作者身份。

● 弗里德里希·A. 沃尔夫的论据　弗里德里希·A. 沃尔夫所谓的"分解派"形成的另一个原因是，当时学者所能考据到的古希腊最早出现文字记录的年代不十分确切，比实际出现文字的年代要晚。所以，弗里德里希·A. 沃尔夫认为在荷马史诗成篇的时代还未出现文字，那么荷马史诗在好几个世纪的时间里竟是靠着诗人的记忆和吟诵在流传。仅仅靠口口相传来保存《伊利亚特》这样的巨著，令人难以想象。这是弗里德里希·A. 沃尔夫理论的重要旁证。为了进一步论证荷马史诗并非出自一人之手，而是集体智慧的结晶，弗里德里希·A. 沃尔夫对两部史诗的文本进行了深入的分析。弗里德里希·A. 沃尔夫语言学家的学术背景让他的观点颇具分量。他发现两部史诗中有许多差异、矛盾、重复和割裂的地方，似乎是不同的诗歌被不完美地拼接在一起。同时，他发现诗歌中存在不同风格的文风笔调、表达方式及遣词造句，有些甚至可以说是拙劣的段落，看起来是窜改或出自水平低下的诗人之手。这种语言学的研究风格与德国学者勤奋刻苦、崇尚细节、过于迂腐的性格十分契合。德国学者往往更善于文本分析，发现文本的"不一致"，而不善于体会和把握史诗展现的恢宏大气与意境。

● 弗里德里希·A. 沃尔夫的理论受到追捧　弗里德里希·A. 沃尔夫的理论引起了巨大的轰动，在德国受到各方追捧。约翰·G. 菲希特和威廉·冯·洪堡第一时间表达了支持。马克斯·米勒和卡尔·拉赫曼随后著书支持弗里德里希·A. 沃尔夫，进一步将"分解派"理论推向极端。即使是伟大的歌德也被这股洪流裹挟，因为"分解派"理论似乎已经为《伊利亚特》的起源问题提供了最终答案。正如约翰·P. 马哈菲所说，"可以说，在这一场争论中，双方似乎都成功地证明了自己的理论，但事实上都没有驳倒对手"。

● 席勒与歌德的见解　席勒不认同弗里德里希·A. 沃尔夫的观点。出于诗人的直觉，席勒认为《伊利亚特》不是拼接之作，其作者就是荷马。歌德后来也表示不赞同弗里德里希·A.沃尔夫的观点，并写信给席勒说："我比以往任何时候都更相信诗歌的不可分割性。无论是现在还是未来，没有人能平息争议。至少我发现自己越来越无法保持客观态度看待该问题。前人如此，后人也将如此。"这几句话正是"荷马问题"的精髓所在。尽管弗里德里希·A.沃尔夫及其信徒学识渊博，但作为德国文学史上伟大、渊博、具备敏锐批判精神的学者，歌德做出的判断，其可信度不亚于德国语言学学者的研究成果。

●"分解派"的影响　"分解派"理论席卷学术界后，出现了一批与弗里德里希·A.沃尔夫研究路线相似的德国批评家。这些批评家与弗里德里希·A.沃尔夫的观点不尽相同，但他们实际上都在为"沃尔夫假设"摇旗呐喊。其中，戈特弗里德·赫尔曼的观点是完全没有事实根据的臆测，只能糊弄那些蒙昧无知的人。戈特弗里德·赫尔曼与弗里德里希·A.沃尔夫观点的不同之处在于，弗里德里希·A.沃尔夫认为《伊利亚特》是多个作者创作的诗歌集合体，而戈特弗里德·赫尔曼认为《伊利亚特》是一位天才诗人撰写大纲后，由其他不知名的吟游诗人填入各种情节。戈特弗里德·赫尔曼还提出，《伊利亚特》与之前的英雄颂歌等诗歌文学没有关系。《伊利亚特》标志着古希腊文学中一个全新的、独特的时期——它从无到有，逐渐成熟。另外一位批评家卡尔·拉赫曼认为《伊利亚特》是由多首诗歌拼接而成的，并且拼接得十分拙劣。卡尔·拉赫曼在《伊利亚特》中找到了多处明显的不一致，并且强调说，即使有人在《伊利亚特》中找到证据证明作者只有一人，也是因为后人对《伊利亚特》做了修订。以特奥多尔·贝克为代表的另外一些批评家则更倾向于认同《伊利亚特》的"整一性"[1]。他们认为《伊利亚特》确实是一位作者的作品，但最初版本的篇幅比现在的要短得多，毁在了后来大量的添加和修订之下。因此，这些批评家根据自己的理解删除一段又一段，

---

[1]　"整一性"表示《伊利亚特》不是由多首短篇诗歌拼接而成的，其作者只有一人。——译者注

甚至删除整卷自己认为不属于原诗的内容。但对于哪些段落是后期添加,应该被删除的问题,他们各持己见。事实上,他们把"荷马问题"变成个人理解的问题,孜孜不倦地拿着放大镜,一心想在一部伟大的作品中找出错误,完全忘记了艺术作品总是不完美的。显然,这种做法是徒劳的,不过是在似是而非地自圆其说,进行循环论证。当然,他们的批判性著作对促进学术和语言学的进步确实是有益的,但完全基于个人假设的推理是无法让人信服的。除非拿出确凿的事实为依据,否则这些著作在"荷马问题"上的见解与弗里德里希·A.沃尔夫1795年阐述的观点不过是大同小异。

●**特奥多尔·贝克关于荷马性格的假说** 某些批评家有时会盲目自信地发表一些十分荒唐的言论。例如,特奥多尔·贝克以"荷马是一个严谨而威严的人"为前提得出了"荷马不擅长人物细腻情绪渲染"的结论。特奥多尔·贝克对荷马性格的假设可能是真的,但荷马的身份本就存疑,更不可能有史料证明对荷马性格的判断。特奥多尔·贝克认为:以荷马的性格,只会塑造冷峻严苛和英勇无畏的人物,不可能擅长悲情人物的刻画或细腻情绪的渲染,所以荷马无力写出如普里阿摩斯和海伦之间的对话,赫克托耳和安德洛玛刻的离别,赫克托耳尸体的赎回等震撼心灵、催人泪下的场面。这一论断荒谬得仿佛有人说,因为威廉·莎士比亚写了《麦克白》,所以不可能屈尊去写《罗密欧与朱丽叶》;或者说,因为威廉·莎士比亚写了年老昏聩的李尔王的愤怒,所以不可能屈尊去写李尔王小女儿科迪莉亚之死。

假设乔治·G.拜伦、罗伯特·布朗宁、乔治·艾略特、维克托·雨果、贝托尔德·奥尔巴克或伊万·屠格涅夫,或者为了让对比更公正,再加上路易·德·卡蒙斯、洛多维科·阿廖斯托、埃德蒙·斯宾塞或约翰·弥尔顿等伟大诗人的作品在三千年后被发现,并落入这些对荷马史诗横加剖析、切割的德国批评家手中,会发生什么?试问有哪一部作品能经受住如此苛刻而不公正的审视而不毁于一旦?

●**什么是真正的文学批评?** 当然,文学批评应当允许一定程度的批判和充满个性

弗里德里希·A.沃尔夫。出自19世纪印刷品。绘者信息不详

威廉·冯·洪堡。托马斯·劳伦斯（Thomas Lawrence, 1769—1830）绘

马克斯·米勒。乔治·费德里科·沃茨（George Frederic Watts, 1817—1904）绘

卡尔·拉赫曼。阿尔弗雷德·泰切尔（Alfred Teichel, 生卒年不详），绘于19世纪

化、带有个人独特感受的批评，甚至有时是必要的。但真正的文学批评更重视一部作品的整体表现，从宏观上审视它。偶尔发现某些风格上的失误、语言上的错误和陈述上的差异是再正常不过的。但一部作品整体风格及其优点才是对其评价的最终标准，否则必然是不公正的。

●《伊利亚特》与《奥德赛》的作者之争　荷马史诗中只有《伊利亚特》遭到弗里德里希·A. 沃尔夫和其追随者的攻击，《奥德赛》似乎逃过一劫。伟大的亚历山德里亚学派的一些批评家曾经质疑《奥德赛》和《伊利亚特》是否均为荷马所著。不过，那些荷马"整一性"最忠实的信徒始终认为两部史诗都是荷马所著，只是《奥德赛》创作于荷马暮年之时。《奥德赛》的叙事风格沉静，对家庭场景的描写引人入胜，并且更多着墨于主角的智慧而非军事天赋，而《伊利亚特》的风格则偏向于情绪化宣泄。可以毫不讳言地说，如果两部史诗均为荷马作品，那么荷马在写作两部史诗时的创作理念和风格必然是不同的。也有可能两部史诗由两位性格脾气完全不同的两个人创作。但那种认为"如果是荷马写的，那一定是荷马老年时期的作品"的观点未必合乎逻辑。例如，约翰·弥尔顿创作《失乐园》前两卷时已是耳顺之年，但他还是个年轻人的时候就已经创作出了《沉思者》。

●认为《奥德赛》与《伊利亚特》是不同作者所著的理由　除了确实存在的细节差异之外，某些学者认定《奥德赛》和《伊利亚特》是两个不同的诗人所著的理由是两部史诗的主角完全不同。《伊利亚特》的主角是象征武力巅峰的阿喀琉斯，而《奥德赛》的主角却是象征智慧巅峰的奥德修斯。但为什么两首史诗的主角必须是同一个类型的英雄呢？我们有理由相信，随着年龄的增长，荷马对人生有了更清醒的认知，变得偏爱智慧更胜于武力，所以笔下的英雄自然也就不同。当然，就像大多数其他支持或反对荷马作者身份的观点一样，这也只是猜测。

●希腊人的性格特征与《奥德赛》　阿喀琉斯和奥德修斯都是希腊真正的英雄。塑造他们的荷马也是个彻头彻尾的希腊人。奥德修斯是典型的希腊人性格，而阿喀琉斯的性格更像是希腊北方人。阿喀琉斯珍视友情，但热衷复仇；他鲁莽轻率，但为了实现目标却坚韧不拔。这是典型的希腊北部伊庇鲁斯的苏利奥人和阿尔巴尼亚人性格。奥德修斯却是典型的希腊人性格，理性而克制，同时富有激情、率真洒脱，是矛盾的统一体。抒情诗人萨福和阿那克里翁是希腊人，但希腊人的民族气质不像这两位抒情诗人那般感性、充满激情。事实上，希腊人大多数时候不冲动，不只凭感觉做事。无论是文学作品还是历史记录中的希腊人都不似罗马人那般感性而嗜血。这种平衡与对称之美就是希腊艺术和文学隽永、流芳的秘密所在。无论是在伯里克利时代的菲迪亚斯和索福克莱斯的作品中，还是在英雄时代的荷马史诗中，都可以欣赏到这样的平衡与对称之美。从伦理立意上看，《奥德赛》与英国诗人、布道者约翰·班扬的《天路历程》相似。为了美好理想，奥德修斯明知前路危险重重，依然心志坚定，决不放弃。他抵挡塞壬女妖的诱惑，拒绝女巫喀耳刻和卡利普索的怀抱，放弃阿尔喀诺俄斯安逸迷人的花园，并勇敢地与觊觎自己妻子和王位的求婚者进行殊死斗争。返乡的重重困难凸显了奥德修斯的恒心、毅力和过人的智慧[①]。

●阿里斯塔胡斯的观点　可能有人会说，《奥德赛》这样的巨著应该可以躲过曾经对《伊利亚特》横加切割的无情笔锋。《奥德赛》承受的攻击确实远不如《伊利亚特》。知识渊博、拥有极高威望的阿里斯塔胡斯认为《奥德赛》和《伊利亚特》都出自荷马之手，并严厉驳斥了认为两部史诗分别出自不同作者的评论家。阿里斯塔胡斯在《伊利亚特》中找到证据，证明荷马在创作《伊利亚特》时曾在字里行间暗示了创作《奥德赛》的计划。两千年来，没有人敢对阿里斯塔胡斯的观点提出异议。弗里德里希·A.沃尔夫及其追随者虽然否认两首史诗皆为荷马所著，但和大多数批评家一样，认为《奥德赛》的最后一卷，至少其中一部分，应该来自另外一位诗人。

●"分解派"对《奥德赛》的抨击　但约在1850年，风向出现了转折。德国评论界吹毛

[①] 正如赫拉克利德所引述的，斯多噶学派认为《奥德赛》具有强烈的伦理意义。然而，这种伦理解读是从后世哲学的角度进行剖析的，是事后描补，很难说是不是诗人本意。

求疵的学究们开始探究《奥德赛》这块宝石上的缺陷。他们在《奥德赛》中找到自己认定为篡改、拼接和前后不一致的地方。阿道夫·克希霍夫是《奥德赛》"分解论"最杰出的拥护者。该学派中较温和的学者认为,《奥德赛》至少由四首独立的诗歌和许多篡改拼接而成。与《伊利亚特》一样,德国也有一些批评家,如特奥多尔·贝克和格雷戈尔·W. 尼切,支持《奥德赛》的"整一性"。但批评家们各执己见,各有各的分析思路,完全不可能得出任何明确的结论。

CHAPTER IV
第 4 章

英国学者对荷马的研究
ENGLISH CRITICISM OF HOMER

●**英国学界对荷马史诗的研究** 英国人理查德·本特利是公认的"分解派"鼻祖。不过,英国学界对荷马史诗的研究趋势与德国学界完全不同。说起来,两国学界的不同倾向不是因为英国学者的学术水平不如博学的德国古典主义学者,而是因为英国批评家对待"荷马问题"的态度比较保守,即使承认德国学者的学术水平,也无法以平常心看待任何一个背叛经典的观点。从某种程度上讲,英国批评家是传统的捍卫者。他们坚定地认为,文学作品中的不一致和不完美并不代表作品是拼接而成。事实上,文学作品中或多或少都存在一些不一致和不完美。对"瑕疵"的过度批评及个别批评家的个人审美不应凌驾于作品整体的和谐美之上,不应凌驾于接近作者时代的评论家共识之上。只有极少数英国学者,如佩恩·奈特和弗雷德里克·A. 佩利,心悦诚服地接受了德国学者的"分解派"理论,但英国主流批评界对此并不认同。

●**英国学者荷马批评的保守性** 英国批评界保守立场最有力的倡导者是威廉·E. 格拉德斯通和威廉·缪尔。他们学富五车,对"荷马问题"的渊博知识让保守主义的观点在这场争议中丝毫不落下风。威廉·E. 格拉德斯通所著的《英雄时代的神和人》和《荷马时代》等作品得到狂热而广泛的追捧,甚至持相反观点的人也有倒戈者。对荷马爱好者来说,英国学者的观点比干巴巴的德国否定辩证法更容易接受。虽然德国学者的"分解派"理论没有充分的证据支持,但其对荷马的攻

第 4 章 英国学者对荷马的研究

威廉·E.格拉德斯通。
绘者信息不详。绘于 19 世纪

击至少向学术界表明，想要就荷马"著作权"、《伊利亚特》的"整一性"等问题达成一致，是非常困难的。威廉·E.格拉德斯通简单粗暴地无视以上问题并不能平息争议。如果不愿做出任何让步，反倒可能一败涂地。在"荷马问题"上，双方都有必要妥协，毕竟双方都没有确凿的事实作为依据，都是基于假设和个人喜好。

●威廉·E.格拉德斯通的荷马批评　威廉·E.格拉德斯通的荷马研究还有一个问题，即他对荷马史诗的社会习俗和道德伦理的评价略显夸张。可以说，他和德国评论家一样过于极端，没有将自己放在荷马所处的年代和地点对荷马史诗进行评价。我们有理由相信，那些威廉·E.格拉德斯通认为属于荷马的高尚情操和品格其实是后荷马时代的，比荷马所处时代要晚得多，甚至可能来自批评家本人善良的心灵。文艺批评家在评判作品时常常犯这样的错误，忘了任何作品都受制于当时的社会条件。作为批评家的必要条件不仅包括渊博的学识与公正的态度，还包括丰富的想象力。想象力之于批评家正如想象力之于戏剧表演，因为批评家需要借助想象力把自己置身于所讨论的作家或艺术家所在的场景和时间。不过，以批评家自己的时代标准来评判诗歌、绘画作品的情况屡见不鲜。但这不公平，同时也阻碍了文艺批评的发展。正如乔治·W.考克斯所说："可以说，我们研究古老传说或传奇故事是为了了解它们的真实情况，而不是为了了解它们在我们自身想法的滤镜之下，在19世纪的滤镜之下的样子。"

●威廉·缪尔的观点　威廉·缪尔可能是英国保守派批评家中最有才华的，但他强

威廉·缪尔。
绘者信息不详。绘于19世纪

第 4 章　英国学者对荷马的研究

烈反对任何背离传统的观点，即使是最权威的荷马史诗研究者阿里斯塔胡斯也不例外。当阿里斯塔胡斯的集校与更早版本的荷马史诗出现不一致时，威廉·缪尔同样认为阿里斯塔胡斯是错的。不过，抛开学术立场，威廉·缪尔凭借广博的学识与优秀的学术素养赢得了对手真诚的尊重。

●乔治·格罗特的理论　英国批评家虽然顽固而保守，但这种保守又带着开明的色彩。他们强大的概括力和公正的判断力影响着学界，或早或晚终能被察觉到。的确，正是看起来截然相反的保守和开明两种品质融合在一起，使盎格鲁撒克逊族的学者在现代文明中显得出类拔萃。乔治·格罗特在《希腊史》中关于《伊利

乔治·格罗特。
托马斯·韦特森（Thomas Stewardson，1781—1859）绘

亚特》的论述不出意外地体现了这种矛盾统一的特质。乔治·格罗特认同弗里德里希·A. 沃尔夫的"分解论",承认有证据表明《伊利亚特》是由多部歌谣拼接而成。也就是说,乔治·格罗特不相信通行本《伊利亚特》的"整一性",但他并不认为《伊利亚特》是一个民谣集合体。相反,乔治·格罗特认为《伊利亚特》是由荷马的《阿喀琉斯之歌》扩展而来。可能是荷马或者其他诗人在这部以阿喀琉斯为核心的诗歌基础上不断添加修订才有了《伊利亚特》。

乔治·格罗特开篇就表示:"把《伊利亚特》作为相互独立的片段的集合体来研究,不会有任何收获。诗中没有任何一个部分表明其曾经是独立的诗歌。并且,这一假设带来的困难比它消除的困难更大。但我们现在读到的《伊利亚特》却未必是荷马最初设想的模样。"

●《阿喀琉斯之歌》 从这一前提出发,乔治·格罗特指出:"《伊利亚特》第一卷和第八卷以及第十一卷至第二十二卷是故事主干,即《阿喀琉斯之歌》。而书中第二到第七卷,连同第十卷,涵盖的人物更广泛、更全面,是后来添加的。最初故事的扉页上画着阿喀琉斯的愤怒。在故事被扩展,不再以阿喀琉斯为核心之后,扉页的内容依然被保留下来了。当然,后来所添加的部分并不一定就劣于原诗。事实上增添后的版本,即《伊利亚特》,是公认的古希腊最伟大的史诗。"

●乔治·格罗特的假说 乔治·格罗特的理论依据是:在《阿喀琉斯之歌》的几卷中,情节和重点都集中在阿喀琉斯身上;而在其他新增的几卷之中,情节涉及的范围更广,突出颂扬狄俄墨得斯、阿伽门农、特拉蒙之子埃阿斯和其他几位在《阿喀琉斯之歌》中处于从属地位的首领。属于《阿喀琉斯之歌》的几卷中,希腊和特洛伊英雄的性格与其他几卷的不同,特别是阿伽门农、赫克托耳,以及宙斯性格中明显的不一致也是旁证。对于《阿喀琉斯之歌》之外增加的诗歌是否是荷马所作,乔治·格罗特既不否认也不肯定,只是认为它们在语言和风格上与《阿喀琉斯之歌》属于同一时代。

●假说的依据及原因 虽然乔治·格罗特的观点是基于文本本身且多为个人理解,

几乎完全是推测性的，但它温和、不偏激且确有所长，即使算不上百分百正确，至少为激进的"分解论"和保守的"整一论"提供了一个可能最为接近真相的折中方案。不像"分解论"者将《伊利亚特》拆解得面目全非，乔治·格罗特承认存在一个连续的、前后一致的十三卷的核心。虽然许多人认为乔治·格罗特的"核心论"论据并不充分，但坦率地说，比起批评家对《伊利亚特》这部不朽史诗的细节不停啃噬，抽走它的生命，让其沦为一堆无汁无味碎片的恶劣行径，乔治·格罗特至少只是牺牲一部分被砍掉的诗歌，但赋予了《伊利亚特》旺盛的生命力和完整性。

●威廉·D.格迪斯的假说　后来的英国学者与乔治·格罗特一脉相承，对他的"核

威廉·D.格迪斯。

詹姆斯·克莱格·安南（James Craig Annan, 1864—1946）摄

心论"做出了两个修改,也可以说是补充。威廉·D. 格迪斯认同乔治·格罗特的"核心论",但否认了增补的诗卷是由几位诗人或荷马创作的可能性。经过细致的语言学研究,威廉·D. 格迪斯认为《阿喀琉斯之歌》的成文年代早于《伊利亚特》,且确为荷马所著,而《奥德赛》也是荷马的作品。没有确凿证据可以支持或反驳威廉·D. 格迪斯的论点,但独辟蹊径的马克西米利安努斯·泽恩布奇和威廉·D. 格迪斯的观点可以互为佐证。

●约翰·P. 马哈菲的假说　约翰·P. 马哈菲在《希腊文学史》中谈及乔治·格罗特的"核心论"时,认为乔治·格罗特关于《阿喀琉斯之歌》的论证充分,并就增补诗卷的作者归属提出了自己的观点。约翰·P. 马哈菲认为,那些对《阿喀琉斯之歌》中鲜少提及的首领加以赞颂的诗篇,可能是吟诵诗歌的人在这些首领的王宫或城邦吟诵时,为了场合需要分别添加的。约翰·P. 马哈菲的这一观点是可信,也是十分有可能的,但和大多数"荷马问题"的论述一样完全是基于猜测的。这种无休止地提出完全主观的假设令人感到厌倦。虽然偶尔也会迸发几缕照亮整个研究主题的真理之光,但"荷马问题"所花费时间和精力与其研究结果并不相称,令人叹息。

●A. H. 赛斯的《论古希腊史诗的预言》　自弗里德里希·A. 沃尔夫开启现代"荷马问题"研究以来,A. H. 赛斯的《论古希腊史诗的语言》对"荷马问题"的贡献最有价值,因为A. H. 赛斯的观点大多基于事实而非猜测。《论古希腊史诗的语言》汇集了比较语言学在"荷马问题"上的最新发现,具有重要学术价值。过去二十年来语言学学科取得的巨大进步,使我们可以准确地追溯希腊半岛民族迁徙和进化过程,也使之成为荷马史诗批评的重要指南。

●比较语言学对荷马研究的重要意义　A. H. 赛斯说:"得益于比较语言学及过去二十多年出土碑文的发现和研究,希腊语及其方言的历史现在已经相当清楚。哪些音和语法形式比其他音和语法形式出现得更晚?哪些方言是必须的参照物?哪些词不是在语言的使用中被创造出来,而是学术语言的人工产物?这些问题我

第4章 英国学者对荷马的研究

们现在都有肯定的答案。"A. H. 赛斯又补充道:"仔细研究荷马史诗的语言,你会发现它是一个拼接体,来自不同方言的词汇——伊奥里斯语、爱奥尼亚语和阿提卡语——杂糅在一起。这足以说明荷马史诗的语言是一种人工方言,从来没有真正流通过,只是历代诗人为了史诗创作而慢慢演绎出来的。就荷马史诗的语言形式而言,荷马所处的年代不可能早于欧福里翁和塞奥彭普斯所判断的公元前7世纪。"

● 考古发现为荷马研究提供确凿证据、弗里德里希·A. 沃尔夫"分解论"的证据被推翻及荷马时代的文字　A. H. 赛斯还引用了《伊利亚特》和《奥德赛》中比比皆是的词语为例。这些词语的使用年代不可能早于公元7世纪。可以说,通过语言学的透彻分析,A. H. 赛

A.H. 赛斯。
乔治·菲德·瓦特(George Fiddes Watt,1873—1960)绘

斯为确定荷马史诗的创作年代提供了坚实的基础。最近的考古学发现也让"荷马问题"研究越来越以确凿的事实为依据。弗里德里希·A. 沃尔夫和部分批评家的"分解论"的论据之一是，没有证据表明希腊人在荷马生活的时期已经出现文字。没有文字意味着吟诵诗歌的人只能通过口诵和记忆来保存诗歌。在批评家们看来，这是不可能的。但无论是野蛮社会还是文明社会，超凡的记忆力其实十分常见，并不足以成为论据。当然对很多人来说，口口相传是史诗流传最难克服的问题，足以证明当时不存在一部被称为《伊利亚特》的史诗，都是分散的歌谣而已。"分解论"的拥护者似乎刻意无视了《伊利亚特》中有这么一句话——"写在一块折叠的石板上"，其中出现了动词"写"。没有一个批评家认为这处提到"写"的内容是篡改或者事后增补的。如此确凿得足以证明荷马时代已经有了文字的证据，让反对者们集体失声。当然，批评家和历史学家们一贯认同缄默也是一种态度。但人们依旧不知该如何理解赫尔曼·博尼茨的以下误导性言论："在全诗的叙述中或在众多的比喻中，我们没有找到任何文字存在的暗示，甚至提及文字诞生的场合也没有。"上文所引《伊利亚特》中的"写在一块折叠的石板上"，不失为对赫尔曼·博尼茨的有力反驳。

CHAPTER V
第 5 章

特洛伊战争的历史依据
HISTORIC EVIDENCES OF THE TROJAN WAR

●特洛伊传说和特洛伊战争真实性的历史依据 读完《伊利亚特》，人们不禁要问：荷马讲的这一精彩绝伦的故事是不是真实历史事件？当然，诗歌或传奇讲述的未必是真人真事，但在《伊利亚特》中，战争场景宏伟壮阔，人物形象生动，如此强烈的真实感只有威廉·莎士比亚的作品能与之媲美。在古希腊学者眼中，荷马史诗犹如《圣经》一般神圣，即使在当代文学界，荷马史诗仍然占据着最重要的位置。但即使是最盲目的荷马崇拜者也不得不承认，除了其文学上的卓越成就，必然有其他因素让荷马史诗具有如此强大而持久的生命力。那么，特洛伊战争是真实历史事件吗？历史上真的有特洛伊城吗？海伦这样倾国倾城的女人真的存在吗？

对于上述问题，人们早已进行了深入的探讨。虽然仍然有不同意见，但基于史料和对特洛伊地形的考察，多数人相信特洛伊传说是历史上真实发生过的。

●特洛伊传说的特殊精神性 在深入分析"特洛伊战争是真实历史事件"这一命题之前，先来看一个与之截然相反并受到大力吹捧的观点。古希腊人普遍认为《伊利亚特》记录了一场战争。在这场战争中，特洛伊毁于希腊人之手。但以色诺芬为首的哲学家反对荷马史诗的神人同形同性论，因为他们认为荷马史诗的诸神具有典型性和特殊精神意义。美特洛多罗司甚至以寓言的方式解读《伊利亚特》中的英雄，从而解释自然界的各种现象。由于当时比较语言学和神话学尚未蓬勃发展，这些哲学家的观点对古希腊人而言纯属猜想。不过，现代比较语言学和神

第 5 章 特洛伊战争的历史依据

话学的进展,为美特洛多罗司假说带来了意想不到的佐证。通过研究梵语和梵语言学,现代学者发现特洛伊传说与雅利安人神话存在对应关系。以此为基础辅以其他民间传说,这些学者认为特洛伊传说源于所谓的太阳神话,即远古时代随着种族迁徙从印度传来的神话,现早已失传。为了让自己的理论更具说服力,他们对特洛伊传说进行了细致的剖析。马克斯·米勒认为特洛伊传说与西方神话中太阳系诸神在夜间被抢夺了光明的故事互相照应。斯巴达国王廷达鲁斯的妻子勒达对应黑暗的化身莱托;廷达鲁斯代表的是光和火焰;海伦娜是海伦的变体,源自"ela",意为"光明",也可能是代表月亮"Selene"的变体;而海伦的两个哥哥,卡斯托耳和波吕克斯轮流在人间与冥界生活,代表了死亡和不朽。两人的名字似乎分别意味着"白天"和"黑夜"。毫无疑问,大多数专有名词在追溯其起源时,都会发现除了称谓用途外的一些独特含义。另外,虽然海伦曾经被绑

莱托与婴儿阿波罗和阿耳忒弥斯。
弗朗切斯科·波阿斯(Francesco Pozzi,1742—?)雕刻

架，并且绑架妇女在希腊神话中屡见不鲜，但不能证明历史上真的有海伦这样一个女人，无法证明历史上发生过海伦被劫持到特洛伊的事件，因为在氏族社会，绑架妇女是司空见惯的事，甚至在现代社会也不罕见。

　　这一理论最坚定的拥护者F. A. 佩利以比较神话学为基础，对特洛伊传说和太阳神话进行了比较。根据F. A. 佩利等人的观点，荷马史诗构建的不过是"虚假的意象"。如果我们认同F. A. 佩利的说法，接受特洛伊战争是希腊版太阳神话，接受阿伽门农、海伦、帕里斯、奥德修斯及其他《伊利亚特》中的人物是自然现象的化身，那么当我们为赫克托耳和安德洛玛刻的离别而流泪时，难道我们只是在为一个抽象的物质浪费感情？当失明的吟游诗人荷马在吟诵海伦的美丽时，脑海里想的是月亮？一旦接受了这一说法，接受其所有荒谬之处，我们就不必再讨论《伊利亚特》的历史可能性，也不必再深入山林去寻找"圣伊利昂"留下的痕迹。

　　●马克斯·米勒的比较神话学　假如我们暂时无法驳倒太阳神话理论，那么马克斯·米勒的观点至少比F. A. 佩利的观点更容易让人接受。马克斯·米勒说："我发现，神话中的英雄不是凭空出现的，而是以真实历史人物为模板进行艺术加工的产物。两者密不可分。事实上，正如几乎无法将常春藤和橡树分开，无法将地衣和它依附的花岗岩分开一样，根本不可能将神话中的英雄和历史分开。对比较神话学家而言，这是个不容忽视的教训。比较神话学家努力阐释一切，但他们应当谨记，不是每个神话之谜都能从词源学角度进行溯源，因为有些神话是历史故事的衍生体。因此，古代英雄的丰功伟绩可能不只是神话。即使是赫拉克勒斯、墨勒阿格罗斯或忒修斯的传说，也可以从地方历史中找到蛛丝马迹。在这一点上，比较神话学必然一败涂地。"

　　●从希腊半岛到亚洲的人口迁徙　史前时期，从希腊半岛到爱琴海诸岛都有大规模的人口迁徙，这已是共识。多利安人从希腊北部迁徙至南部，迫使伊奥利亚人向他处迁徙。至少这一时期伊奥利亚人的迁徙是多利安人入侵的结果。

第5章 特洛伊战争的历史依据

●**特洛伊战争反映了伊奥利亚人的迁徙** 就目前已知的情况而言,伊奥利亚人于公元前12世纪左右迁居小亚细亚。如果特洛伊战争是一个真实的历史事件,那么一般公认它发生在同一个时期。伊奥利亚人迁居小亚细亚不可能不遭遇当地人的激烈反抗。除非伊奥利亚人的迁徙与古代其他种族的迁徙不同,否则这一迁徙必定是通过战争来实现的。特洛伊战争本身不管是不是真实历史事件,都是希腊人为了贯彻远征思想而发动的掠夺性战争,也许是报复性反击。赫拉克勒斯曾带着一支舰队袭击并洗劫了特洛伊,但显然这只是一次为了掠夺的奇袭,不是为了永久占领。当希腊远征军展开对特洛伊的远征时,首先在密细亚东海岸登陆,之后才来到特洛阿德。其间,希腊人不断改进进攻计划,使之逐渐成熟。据说,希腊人在特洛阿德一共待了十年。十年间,他们疯狂劫掠,侵占领土。在旷日持久的战争里,希腊人一定不断从自己城邦得到援助,比如在攻城战即将结束时到来的菲罗克忒忒斯和涅俄普托勒摩斯。如果没有菲罗克忒忒斯和涅俄普托勒摩斯,希腊人不可能顺利赢得战争。想来,两位首领是带着士兵一同来到战场的,共同为战争的最后胜利做出了贡献。

●**海伦被抢的一种解释** 前文说过希腊人对特洛伊的远征带有报复性。这在帕里斯率舰队前往希腊探查赫西俄涅下落时就有预兆。《伊利亚特》中曾提及,帕里斯组建舰队前往希腊,并抢走了斯巴达国王的妻子海伦。在这段描写中,荷马用了"抢夺"一词,即像海盗一样用武力带走。

●**希腊人在西亚定居地和希罗多德文献证据** 在长达十年的时间里[①],希腊人掠夺特洛阿德的土地,并在上面耕种,自给自足,最终耗尽特洛伊城内的物资,攻破特洛伊城,成为特洛阿德的主人。从此之后,特洛阿德就被称为"伊奥利亚"。据《奥德赛》记载,战争胜利后,希腊人曾因归途产生分歧。一部分人希望立即返回希腊,而另一部分人则希望再逗留一段时间,向神进行大献祭,为自己在特洛伊的

---

① 没有人能确定这场战争到底持续了多少年,《伊利亚特》中出现十进制是非常奇怪的,与希腊人的时间概念不符。

暴行赎罪。前者如期启程返回希腊，但留在特洛伊献祭的人是否都返回了希腊我们不得而知。留下献祭的人中可能有一部分留在了特洛伊，对当地进行殖民统治，并最终让特洛阿德这片土地成了伊奥利亚。根据希罗多德和帕夫萨尼亚斯的文献，早在公元前500年，伊奥利亚人就已经在赫勒斯滂沿岸定居。伊奥利亚人在特洛阿德定居的时间必定不短，因为当伊奥利亚人说自己是来自特洛伊的希腊人时，仿佛特洛伊和其他希腊城邦一样，没有什么不同。

●**特洛伊传说中英雄人物的性格特点** 荷马在《伊利亚特》中鲜明地刻画出了希腊英雄和特洛伊英雄之间的差异，这似乎表明荷马是生活在西亚的希腊人。批评家之所以认为现今通行的《伊利亚特》至少由两首诗歌拼接而成，原因之一是赫克托耳在所谓的《阿喀琉斯之歌》中的性格和后来拼接增补的诗卷存在较大差异。然而，研究东方历史或与亚洲人有所接触的人早已对这种性格上的前后矛盾习以为常，因为赫克托耳的性格在亚洲人中十分普遍。当然，这并不能掩盖赫克托耳在陷入绝境时展现出的惊人勇气。在听到波吕达摩斯劝告时的冒失，在单挑中遇到特拉蒙之子埃阿斯时的勇敢，在向家人告别时潸然泪下的脆弱，在看到阿喀琉斯逼近时的惊恐，以及在命运即将终结时站着迎接厄运的坚毅——这些不仅是伟大的赫克托耳的特征，而且是大多数东方英雄的矛盾性格特点。

批评家多半反感帕里斯，但其实他们对帕里斯的评价并不公正。例如，威廉·E.格拉德斯通评价帕里斯时，引用了狄俄墨得斯对帕里斯的嘲讽——"弓箭手！下流粗鄙之人！好色的猎艳者！"威廉·E.格拉德斯通似乎忘了这些恶语攻击来自狄俄墨得斯——帕里斯的死敌。另外，威廉·E.格拉德斯通忽略了海伦对帕里斯的评价。海伦曾说帕里斯比自己的丈夫墨涅拉俄斯更加强壮，并且从海伦对帕里斯的称呼可以判断，海伦并非如荷马暗示的那样是被强行掳走的。特洛伊传说中有多处细节表明，帕里斯虽然长相俊美，但性格坚毅、武勇过人。少年时期，帕里斯就曾在竞技比赛中胜过赫克托耳，夺得桂冠。帕里斯还曾在远征中攻下西顿。荷马也认为帕里斯是一位优秀的弓箭手，并让令特洛伊人闻风丧

第5章 特洛伊战争的历史依据

胆的阿喀琉斯死在帕里斯的弓箭之下。感情上,帕里斯对海伦忠贞不渝,以坚定的决心和巨大的勇气面对压力,拒绝将海伦还给希腊人。同时不要忘记,帕里斯和海伦的感情是得到女神阿佛洛狄忒的授意和帮助的。下面这段帕里斯驳斥赫克托耳责难的话,充分展现了帕里斯的气魄。

(赫克托耳)在血腥战场的左翼找到,
神一样的帕里斯,秀发飘飘的海伦的丈夫,
正在那里督促、鼓励同伴战斗。
对帕里斯说出以下责备的话语:
"你这可恶的帕里斯,外表光鲜亮丽,
勾引妇女的猎艳者,男性的耻辱!
得伊福玻斯、
强大的赫勒诺斯、
阿西俄斯之子阿达姆斯在哪里?
赫图克斯之子阿西俄斯在哪里?
奥斯里奥纽斯在哪里?
高高在上的伊利昂很快就要沦陷
你的厄运已经注定。"[1]

神一样的帕里斯这样回答道:
"赫克托耳,无辜的我却遭到你的责备,
过去我曾逃避战斗,
但母亲生下我并不完全是卑鄙胆怯的;

---

[1] 我们无法从赫克托耳对帕里斯的责难中得出任何结论,因为赫克托耳对波吕达摩斯也进行了同样的谴责。这对帕里斯显然是不公正的。

自从你下达攻击船的命令，

我们一直不屈不挠地与希腊人战斗；

你刚才询问的几位同伴已经被杀死！

只有得伊福玻斯和强大的赫勒诺斯撤离了战场。

多亏宙斯保住了他们的性命。

请带领我们前往你的勇气指向的地方。

我们会坚定地跟随你；

你可以在我们身上找到勇敢的一面；

最勇敢的人也不可能超越自身力量去战斗。"

帕里斯的话语平息了哥哥的怨气。

他们一起奔向，

战斗最激烈的地方。[①]

事实上，帕里斯正是典型的东方英雄形象，也是特洛伊传说中最传神的人物之一。荷马对帕里斯的刻画生动有力地证明了他不仅塑造形形色色的不同英雄，而且向读者呈现不同民族的不同特征。普里阿摩斯的角色塑造凸显了西亚的社会风俗。虽然文献显示希腊人实行的是一夫一妻制，但希腊人是可以纳妾，至少是允许蓄养女俘虏的。而特洛伊国王普里阿摩斯有好几个妻子和五十七个孩子，代表典型的东方父系父权社会。特洛伊王后赫卡柏享有高于普里阿摩斯其他妻子的地位，与东方一些帝国的皇帝母亲或皇位继承人母亲拥有相似的地位。特洛伊人可能起源于巴尔干半岛的色雷斯，但他们一直生活在亚洲土地上，与当地人通婚，因此社会习俗随之改变。

● **埃涅阿斯与安忒诺耳的背叛** 有权威人士指出，特洛伊是被埃涅阿斯和安忒诺耳

[①] 见《伊利亚特》第13卷。

出卖的[①]。战争期间的背叛行为，在欧洲可能偶有发生，但在西亚自古有之，屡见不鲜。

对荷马史诗的诸多分析在一定程度上是假设性的，但绝不是不可能的。我们完全赞同卡尔·H. W. 福尔赫和康诺普·瑟尔沃尔的观点，对乔治·格罗特的观点持谨慎意见。卡尔·H. W. 福尔赫和康诺普·瑟尔沃尔认为伊奥利亚人横跨爱琴海的迁徙、远征合理地解释了特洛伊战争发生的理由。事实上，这就是特洛伊战争发生的原因。战争的结果，正如我们现在所知，希腊人的一个分支占领了密细亚。特洛伊战争中，必定有着激动人心的战役，例如夺取密细亚要塞的战役。士兵们英勇善战，在人们心目中留下了深刻的印象。深受启发的吟游诗人吟诵歌谣，讲述威武雄壮的战争场面。直到伟大的荷马为其铸就不朽，让世人永远记住了特洛伊。荷马不但记录了爱琴海地区各民族的迁徙活动，也为古代的伦理、文学和艺术指明了方向。荷马注定流芳百世！

●考古发现对荷马研究的重要意义　如果能找到战争遗迹加以佐证，那么我们可以肯定地说：历史上确实存在特洛伊城，并且在公元前12世纪，希腊人在此与特洛伊人发生了一场大战。虽然细节可能无据可靠，甚至太阳神话也渗透其中，但并不影响特洛伊战争的真实性。

《伊利亚特》中，荷马对所描写的地形十分熟悉，可见荷马本人曾亲自到战场遗址观察、收集信息。例如：

先祖达耳达诺斯之子，伊路斯的陵墓，
边上的无花果树。[②]

《伊利亚特》细节描述的准确性与其作品的虚构性并不矛盾。虽然诗歌是

---

① 见《奥德赛》及索福克莱斯的作品与阿克提努斯的作品。
② 见《伊利亚特》第11卷。

艺术创作，但毕竟是其作者从真实生活中提炼、加工和创造出来的。不过，除非找到与《伊利亚特》中特洛伊地形对应的遗迹，否则"特洛伊战争是真实历史事件"这一结论根本无法成立。

荷马的研究者都认可，找到特洛伊遗址对"荷马问题"具有重要意义，人们给予这一问题高度关注。但从错误的前提出发，会阻碍对真相的追求。

CHAPTER VI
第 6 章

特洛伊遗址
SITE OF TROY

《伊利亚特》中预言，普里阿摩斯统治结束后，埃涅阿斯家族将取而代之。据传，埃涅阿斯对战争置身事外的态度正是受到这一预言的影响。很早以前还流传着另一个传说，即特洛伊陷落后，有一部分逃亡者返回并重新占领了特洛伊。

●**伊利昂城及特洛伊战争遗物** 虽然传说晦涩不明，但可以肯定的是色雷斯人在特洛伊战争结束后，迁徙定居于特洛阿德。据希罗多德和斯特拉博记载，公元前8世纪左右，即荷马生活的年代，伊奥利亚人在帕加姆斯遗址上建造了一座新城。虽然该城规模不大，影响力甚微，但因其建在帕加姆斯遗址上，因此以特洛伊城的别名伊利昂为名。当时的人们普遍相信伊利昂曾发生过重大历史事件。不少有识之士因此到访伊利昂。人们甚至笃信所谓战争遗物的存在，如帕里斯的琴、战争中英雄的武器、普里阿摩斯被杀的祭坛等，足见他们对特洛伊传说是何等深信不疑[①]。

●**薛西斯一世到访伊利昂** 人们不仅认为广为流传的特洛伊战争是真实历史，而且深信伊利昂就是特洛伊遗址所在地。来自遥远东方的波斯帝国皇帝也对其有所耳闻。据说，薛西斯一世率军希腊时，专门绕道登上帕加姆斯，在普里阿摩斯宫殿遗迹处献祭了一千头牛[②]。

---

① 所谓特洛伊遗物被保存下来，并在拉韦纳展出，古希腊人默认其为真品。
② 见普鲁塔克的记载及希罗多德的记载。

第 6 章　特洛伊遗址

●**亚历山大大帝到伊利昂献祭**　亚历山大大帝率领大军远征波斯帝国时，也去了特洛伊遗址。他是荷马的狂热崇拜者，睡觉时枕下都放着一本《伊利亚特》。据说，亚历山大大帝的母亲是阿喀琉斯的后裔。登上帕加姆斯，亚历山大大帝不仅向雅典娜女神献祭，还为普里阿摩斯的灵魂献祭，以安抚普里阿摩斯的灵魂，避免远征可能招致的报复。亚历山大大帝还在阿喀琉斯陵墓所在的山顶献祭。亚历山大大帝是一位伟大的军事家，同时是一位学者、思想家，师从亚里士多德。如果伊利昂并非真正的遗址，以亚历山大大帝敏锐的观察力必然能够发现，但事实上他对伊利昂是特洛伊遗址坚信不疑，甚至承诺要大力资助伊利昂的建设，但他的早逝让这个承诺化为泡影。

●**罗马承认伊利昂**　公元前190年，罗马人在东方征战时就曾前往密细亚。他们自诩是特洛伊人的后裔。后来，执政官利维乌斯曾前往帕加姆斯献祭，以罗马共和国的名义免除了伊利昂这座小城的所有赋税，并赋予伊利昂对特洛阿德地区的管辖权。

●**伊利昂的结局**　正如乔治·格罗特所说，伊利昂如此名不见经传的小城忽然一步登天，不仅让伊利昂人变得飘飘然，而且引起邻近小镇甚至一些规模较大城镇的不快。附近的西吉乌姆因拒绝接受伊利昂的管辖而招致伊利昂人的军事打击。甚至，亚历山德里亚和斯凯普斯等地都嫉妒伊利昂。

罗马共和国给予伊利昂的荣誉和权力，给现代学者寻找、确定特洛伊遗址制造了不少障碍。或者更准确地说，现代学者因罗马共和国的这一行为，人为地给自己增加了许多困难。

●**德梅特留斯与赫斯提亚对特洛伊遗址的看法**　在罗马征服密西亚之前，人们对"伊利昂就是特洛伊的帕加姆斯遗址"这一说法没有异议。就连赫拉尼库斯和一些重量级作家都认同以上观点。但在罗马人给予伊利昂荣耀和权力后，人们对帕加姆斯遗址的归属产生了怀疑。最初，只是一些来自伊利昂邻近小镇的学者提出质疑，如来自斯凯普斯的荷马批评家德梅特留斯。德梅特留斯认为伊利昂并非真正的遗址，最多只能称之为"新伊利昂"，而真正的遗址在新伊利昂以南四英里的一个村子。不过，德梅特留斯所说的村子没有任何遗迹或废墟留存，所以这种观点完全没有事实基础，只是一种无谓的诡辩。在德梅特留斯之后，来自特洛阿德的赫斯提亚，古代唯一有据可查的女性考古学家和评论家，著书赞同德梅特留斯的观点。作为当地人，赫斯提亚和德梅特留斯对特洛阿德地形了如指掌。二人认为伊利昂并非真正遗址的一个理由是，特洛伊和瑙斯塔斯之间的空间太小，不可能发生大规模的战役。难道荷马史诗的情节需要严格遵循统计数据来设计？难道诗歌不是艺术加工的产物？事实上，古代军队正面对抗时相互距离极近，需要的空间不大，例如坎尼战役中十三万人就是在一条小河的拐弯处作战的[①]。当时唯一认同德梅特留斯的是公元前1世纪作家斯特拉博，但斯特拉博从未到过伊利昂。斯特拉博之后，再无权威学者支持德梅特留斯的观点。

虽然罗马将军、政治家同时是作家的尤利乌斯·恺撒旗帜鲜明地支持德梅特留斯所谓的新伊利昂，但阿里安、普鲁塔克、帕夫萨尼亚斯和后来许多知名学者则更加认同古代流传至今的说法。

● **现代学者关于特洛伊遗址的研究历程** 如果现代学者能像德梅特留斯的同代人那样直接无视德梅特留斯，那将节省多少无谓的笔墨，免去多少无谓的激烈辩论！但部分现代荷马批评家追随德梅特留斯和斯特拉博的步伐，让现代学者陷入了无休止的争论之中。显然，这些学者即使意识到自己可能错了，也不愿承认。乔治·格罗特，现代学界最理智的学者之一，在权衡已有事实、论据后，认为斯凯普斯的德梅特留斯的理论是错的，权威的斯特拉博是错的。乔治·格罗特无法相信自己的同代人是如此教条主义。

避免让争论陷入猜测迷雾最可靠的手段只有确凿的考古证据。以史料为基础，以坚定意志为先决条件进行考古挖掘，才能平息关于特洛伊遗址的争议。

---

① 这是波里比阿的观点。

第6章 特洛伊遗址

●判断遗址的地形学依据　近来，有两个地方声称自己是特洛伊遗址所在地。在进一步探讨之前，首先需要明确判定遗迹所在地的关键点，即希腊营地[①]的位置、洛伊提昂海岬与西革翁海岬、克珊托斯河与斯卡曼德洛斯河、埃叙埃忒墓的位置、巴提埃亚墓的位置、斯卡曼德洛斯河源头附近的温泉和冷泉、适合建造城堡的山丘及木马。有人说，木马攻城不过是个比喻的说法，在讨论时不必将之包括在内，但在《伊利亚特》中，木马攻城早已是广为流传的特洛伊传说不可或缺的部分之一，并且在英雄诗系和《奥德赛》中也多次提及木马攻城。所以无论"木马"是一匹木制的马还是一种战争武器，都应该被纳入讨论范围。我们还必须考虑到特洛伊人是如何将木马移动三英里或九英里的——这涉及常常被提到的特洛伊城与海岸之间的距离。

要求一部史诗在细节上精准无误似乎相当过分，但不得不说，拥有越多相符细节的地方越有可能是作品中描写的遗址。所以，如果某个地点拥有比竞争对手更多相符细节和丰富的出土文物，那足以作为判断特洛伊遗址的旁证。

●让·勒舍瓦利耶的论断　希沙立克和伯纳巴希是这场讨论中最突出的两个地方。希沙立克是被德梅特留斯和斯特拉博认为是伪伊利昂的小镇，而伯纳巴希原本是个无名小镇，名字来自18世纪法国旅行家让·勒舍瓦利耶的"创造"。让·勒舍瓦利耶来到特洛阿德有两个目的：第一，验证斯特拉博的观点是否正确；第二，赫克托耳被杀的地方就在特洛伊城外，其附近应有泉水。找到泉眼作为确定遗址的旁证。但让·勒舍瓦利耶并没有到希沙立克走访，始终忙于寻找泉水。让·勒舍瓦利耶虽然如愿在伯纳巴希找到了泉水，但无视了从伯纳巴希到赫勒斯滂之间有九英里。如果双方相距九英里，不可能像荷马描述的那样在一天之内发生四场战役。让·勒舍瓦利耶还忽略了另一个问题，即在伯纳巴希有四十眼泉水而不是两眼泉水，因为土耳其语的"Kirkgiös"是"四十"的意思。在缺乏其

[①] 古语，意为"海军驻地"。——译者注

他必要条件的情况，让·勒舍瓦利耶甚至没有在伯纳巴希进行考古挖掘，在没有任何考古证据的情况下认定伯纳巴希是特洛伊遗址。恩斯特·库尔提乌斯、威廉·M. 利克、夏尔·特谢尔和其他杰出的历史学家和旅行家都落入了让·勒舍瓦利耶精心准备的陷阱。不过，值得一提的是，乔治·格罗特在面对许多反对意见时，坚定地认为希沙立克才是真正的遗址所在地。

●其他关于遗址的论断 爱德华·克拉克等人认为荷马史诗中的特洛伊城在希沙立克附近的奇普拉克山上。尼古劳斯·乌尔里希斯认为特洛伊城位于希沙立克东南的阿齐克库伊高地。我们对此不做深入的探讨，因为这些观点都是基于表面地貌的观察，没有任何考古挖掘的论据作为支撑，所以对荷马学者而言没有太大的价值。

●海因里希·谢里曼的考古挖掘 1870年，德国考古学家海因里希·谢里曼来到特洛阿德，准备对所有有争议的地点进行考古挖掘，以解开特洛伊遗址这个千年的谜团。特洛伊遗址的争论终于迎来了转机。虽然海因里希·谢里曼从一开始就倾向于希沙立克是遗址所在，但本着公平公正的原则，他将希沙立克放到最后，首先对其他几个地点开展挖掘工作。

●希沙立克是特洛伊遗址所在地的依据 海因里希·谢里曼在德梅特留斯所谓的遗址，即希沙立克以南四英里的村子，没有发现任何文物。一英尺半深的土壤下只有原生岩石。在伯纳巴希，海因里希·谢里曼的确挖掘出了遗迹废墟，但其重要性微不足道，并且出土铭文也证明该遗迹与格尔吉斯古镇有关，与特洛伊无关。其他几个地点的挖掘也没有什么结果。最后，海因里希·谢里曼将目光投向希沙立克。其实，希沙立克在土耳其语中的意思正是"帕加姆斯"或"城堡"。可见，即使德梅特留斯的所谓遗址小村就在希沙立克附近，德梅特留斯和赫斯提亚的理论也是站不住脚的。

●希沙立克的地理位置 重要的是，我们留意到希沙立克的地形与前文指出的各个关键点的对应关系。首先，它的地理位置具有建城条件。一个平均高度为五十英尺的高地矗立在平原之上。高地西北角另有一个山丘比该高地还要高出二十六英尺，长九百八十四英尺，宽七百五十英尺[①]。后者就是被称为"希沙立克"的地方，意为"卫城"或者"城堡"。

●海因里希·谢里曼在希沙立克的考古发现　希沙立克高地位于斯卡曼德洛斯河河床的右侧，克珊托斯河蜿蜒河道的左侧，距离希腊远征军的营地约三英里半。站在高地上可以毫无阻碍地瞭望河流和大海之间的广袤平原，甚至邻近的岛屿都在视野之内。希沙立克南面紧邻巴提吉土丘，与希腊远征军营地的距离很短。这意味着特洛伊斥候可以在邻近的埃叙埃忒陵墓所在土丘上观察敌人的行动。三英里左右的距离也完全符合特洛伊人从海滩将木马拉进特洛伊城的传说。同时，希沙立克地面土质适合战车移动，极有可能是双方交战的战场。特洛伊城垛上的人可以将战场上的一切尽收眼底。这也解释了阿喀琉斯杀死赫克托耳后，拉着赫克托耳的尸体环绕特洛伊城的场景描写。当然，所谓环绕未必是阿喀琉斯拖着赫克托耳的尸体绕特洛伊城完整地走了一圈，就像绕帕特洛克罗斯的坟墓那样。以上是海因里希·谢里曼调集人手开始对希沙立克进行挖掘之前，直接观察到的地形地貌情况。本书并不会详细介绍海因里希·谢里曼的挖掘成果，因为完全没有必要。海因里希·谢里曼已经在他自己的书中以最生动有趣的方式讲述了挖掘的全部过程。

　　虽然对其他所谓特洛伊遗址的考古挖掘毫无成果，但对希沙立克的挖掘成绩斐然。通过对地面以下五十英尺的考古挖掘，海因里希·谢里曼发现了七个地层的遗迹。海因里希·谢里曼认为七个地层中从底部开始的第三层遗迹是《伊利亚特》中的特洛伊，认为这层遗迹与文献记载吻合。这个地层遗迹中发现的重要文物中有一座巨大的砖石方塔，一座可能是国王宫殿的建筑，一条宽阔的、铺设良好的街道，以及一个通往平原的双开门。海因里希·谢里曼认为这个双开门

[①] 《特洛伊》，海因里希·谢里曼著。

就是斯开埃城门。除此以外,还有巨大的酒罐、铜质的矛头[①]、精心装饰的花瓶、神秘的轮盘和雅典娜神像。最重要的是,出土了大量昂贵的项链、黄金头饰和高脚杯,多达数千件。

　　这层遗迹的建筑结构及雕塑与上层的遗迹风格迥异,带有明显的人类历史早期特征。虽然海因里希·谢里曼的这次考古解决了《伊利亚特》描写的特洛伊战争是不是真实历史事件的问题,但特洛伊的位置是否仅仅局限于希沙立克高地仍然有待探讨。探险家们在希沙立克附近地方寻找人类定居的痕迹,可惜没有任何收获,只能勉强承认特洛伊城的范围并未超出希沙立克高地的结论。这一可能性的确存在。古代有城墙的城镇通常不会太大。要知道,即使到中世纪,遭遇围城时,狭小的城镇也能够容纳数量巨大的居民在内生活。例如,卡尔卡松城堡被十字军攻破时,城内有近五万人的居民。现代也不乏类似情况。例如,阿尔勒圆形剧场内居然建起了一个有几百间房屋的小镇。

　　●特洛伊城不仅仅局限于希沙立克高地　不过,对于特洛伊城的范围并未超出希沙立克高地的说法,我仍然持谨慎态度。因为在希沙立克之外的那片地方,极可能存在过一座用柳条、茅草和泥巴建造的聚居点。只不过聚居点周围是用晒干的砖头砌成的低墙,极易腐朽,因为年代久远再也找不到任何痕迹。居鲁士二世攻占萨迪斯时,外围就是这种城墙。

　　目前没有确凿证据证明希沙立克的外围地方有人群定居的痕迹,因此略过不谈。我为海因里希·谢里曼的考古发现而感到万分激动。那些批评家纸上谈兵的理论也因希沙立克出土的文物证据而显得苍白无力。但十分遗憾,这些批评家并未公正地回应海因里希·谢里曼的考古成果。当然,拒绝相信希沙立克是特洛伊遗址的学者至少应该对以下问题做出合理的解释:如果包含如此丰富的文物和环境证据的希沙立克不是帕加姆斯或特洛伊城,那么它又是哪个文明的遗

[①] 《伊利亚特》中只有一次提到铁器。

址呢？如果希沙立克不是特洛伊遗址，那么特洛伊的遗址又在哪里呢？[①]那些声称特洛伊遗址不存在的人要如何解释希沙立克这一意为"帕加姆斯"或"城堡"的名字呢？

● 结论　回顾这场围绕"荷马问题"的争论，不可否认的是荷马研究者的各种批判性假设虽然带来了许多荒谬的结论，但间接推动了比较语言学和古典文学的进步。事实上，任何仅以个人喜好为指导、完全基于推测的诗歌分析都无法得出让人信服的成果。

以弗里德里希·A. 沃尔夫为首的"分解论"者未能证明《伊利亚特》是一个民谣集合体，也未能证明"荷马"只是传说而非真实存在的诗人。而对《伊利亚特》的文本分析表明，《伊利亚特》包含一部关于特洛伊战争的十三卷连续的长篇。为了方便起见，我们称之为《阿喀琉斯之歌》，由一位伟大的诗人创作。古代学者确信这位伟大的诗人就是荷马，而现代批评家费尽心机却始终无法推翻荷马的作者身份。

"分解论"者认为《伊利亚特》和《奥德赛》并非出自同一作者，并提出了强有力的理由和论证，但他们无法证明《伊利亚特》或《奥德赛》是拼凑而成的诗作。最大的可能是荷马史诗存在添加和修订的部分。

比较语言学的最新研究表明，《伊利亚特》创作的年代已经出现文字。这进一步肯定了《伊利亚特》取材于真实历史事件，并融入了太阳神话的说法，但推翻了"分解论"者最有力的论点—没有文字记载，因此不便于记忆，所以《伊利亚特》只是个民谣集合体。

海因里希·谢里曼的考古挖掘已经证明除了希沙立克，其他所谓特洛伊遗址都不可信。这些考古证据对相信特洛伊战争并非真实历史事件的评论家并不友好，但对于相信在遥远的过去，某个地方、某个时间发生了一场两个民族间的

[①] 所谓在迈锡尼发现的阿伽门农和卡桑德拉的遗体的说法更值得怀疑。

竞争或者战争，并由此诞生了民谣文学，诞生了荷马史诗这样的伟大作品的人而言是一种极大的鼓舞。

附 录

埃涅阿斯远逃与罗马时代的到来

据说,埃涅阿斯的母亲是著名的女神阿佛洛狄忒,后人称其为"维纳斯"。阿佛洛狄忒并非脱胎于凡体,而是奇迹般地生于一片在海面聚集的泡沫里。她一出生,就爬到伯罗奔尼撒半岛南部的塞西拉岛的岸边沙滩上。

阿佛洛狄特的诞生。
桑德罗·波提切利(Sandro Botticelli,1445—1510)绘

附录　埃涅阿斯远逃与罗马时代的到来

阿佛洛狄忒是爱之神、美之神和丰收之神。她降生之初就拥有了非比寻常的神力。走在沙滩上时,她所经之处,草吐出了嫩芽,树开出了鲜花。她非常美,美得无以言表。此外,她的魅力不仅作用于自然界,还有一种超自然力量让所有看到她的人都萌生爱意。

阿佛洛狄忒经塞西拉岛,穿过大海,一直来到塞浦路斯。她在这个迷人的小岛上待了一段时间,生下两个漂亮的孩子——厄洛斯和安忒洛斯。这两个孩子一直都是孩童的模样。其中,厄洛斯后来被称为"丘比特",是"赐予爱"的神,

树上的丘比特。
雅克-弗朗索瓦·巴比（Jacques-François Barbier, 1738—1826）绘

而安忒洛斯是"归还爱"的神。之后，阿佛洛狄忒带着两个孩子四处漫游，有时在仙界，有时在凡间。他们有时以原形示人，有时会乔装成另一副模样，有时隐身。但他们无论是现形，还是隐身，都在不停地施展各自的本领。阿佛洛狄忒会激起神和凡人内心深处的爱与美之念想，厄洛斯会唤醒一个人对另一个人的爱，而安忒洛斯则戏弄和惩罚那些不回应爱的人。

过了一段时间，阿佛洛狄忒带着孩子们到了诸神居住的地方——奥林匹斯山。很快，他们就在这里制造了大麻烦。阿佛洛狄忒运用神力点燃了诸神心中的爱情之火。于是，诸神不仅彼此相爱，而且与凡人坠入了爱河。为了惩罚她，宙斯运用至高无上的权力让阿佛洛狄忒自己萌发了爱意。最后，阿佛洛狄忒爱上了特洛伊王室贵族、年轻俊美的安喀塞斯，安喀塞斯就住在离特洛伊城不远的艾达山上。

阿佛洛狄忒是怎样爱上这个生活在艾达山的那个凡人的呢？在一次神的婚礼上，一些没有收到邀请函的女神感觉自己被阿佛洛狄忒忽略了。为了报复阿佛洛狄忒，她们在众宾客中制造了一点儿混乱。阿佛洛狄忒命人造了一个金苹果，上面刻着"送给最美的人"。她把金苹果投到宾客中间。在场的所有女神都想得到这个金苹果。于是，她们围绕着这个金苹果展开了一场激烈的争论。此时，宙斯派出去几名使者。他们在一名特殊人物的带领下去了艾达山。在这里，他们找到了一个叫帕里斯的牧羊人。他年轻，精于社交。这位牧羊人其实是一位王子。使者们宣布由帕里斯决定金苹果上那个问题的正确答案。然而，女神们仍然互不相让，纷纷出现在帕里斯面前，争相送礼拉拢他，希望他把自己定为"最美的人"。然而，帕里斯把金苹果交给了阿佛洛狄忒。阿佛洛狄忒对这个结果非常满意，于是决定给予帕里斯特殊的保护，并将偏僻的艾达山作为她最喜爱的隐居之所。

正是在艾达山上，阿佛洛狄忒与安喀塞斯邂逅了。正如上面提到的那样，尽管安喀塞斯一直在远离特洛伊城的群山之间放牧牛羊，但他是特洛伊王国的贵

附录　埃涅阿斯远逃与罗马时代的到来

胄。阿佛洛狄忒遇到安喀塞斯时，宙斯突然唤起了她内心深处的情愫。于是，她爱上了安喀塞斯。接着，她嫁给了安喀塞斯。作为安喀塞斯的新娘，阿佛洛狄忒和安喀塞斯在山上住了一段时间。不久，他们就有了儿子埃涅阿斯。

然而，阿佛洛狄忒并没有将真实身份告诉丈夫，而是谎称她是弗里吉亚的公主。弗里吉亚位于小亚细亚，离特洛伊不远。和安喀塞斯在艾达山生活时，阿佛洛狄忒一直用假身份。不过，她最终决定离开安喀塞斯回到奥林匹斯山。临别之际，她把真实身份告诉了安喀塞斯，并表示愿意把埃涅阿斯留下。同时，她嘱咐安喀塞斯，千万不能向任何人提起她的真实身份，否则埃涅阿斯就会被天庭发出的闪电击杀。

阿佛洛狄忒走后，考虑到家中无人照顾孩子，安喀塞斯就把埃涅阿斯送到他的女儿那里。他的女儿嫁到了特洛伊北部的达耳达诺斯城。也就是说，埃涅阿斯是由姐姐抚养长大的。埃涅阿斯的姐姐已婚这个事实，似乎说明安喀塞斯吸引阿佛洛狄忒的原因不是年轻。埃涅阿斯跟姐姐住，长大到可以独自照看牛羊时，就回到了自己的降生之地。阿佛洛狄忒尽管离开了，但从没有忘记自己的孩子，而是一直照顾他。无论他遇到什么困难、危险，阿佛洛狄忒总会及时出现帮助他、保护他。

后来，特洛伊战争爆发了。但在很长一段时间里，埃涅阿斯没有参战。特洛伊国王普里阿摩斯不重视他，而重视其他年轻人。埃涅阿斯认为是国王轻视自己，低估了自己的作战能力。于是，他继续待在山上放牧牛羊。如果埃涅阿斯没有碰上意欲抢劫的阿喀琉斯——希腊远征军中最难对付的将领，那么特洛伊战争期间他可能会一直过着平静的生活。

阿喀琉斯发动袭击时，埃涅阿斯正在山上放牧。他们抢了埃涅阿斯的牛羊，然后赶走了埃涅阿斯和与他同行的牧民。事实上，如果不是母亲阿佛洛狄忒及时出现，埃涅阿斯和其他牧民早就被杀死了。

身负重伤的埃涅阿斯眼巴巴地看着牛羊被夺走，他对希腊人的怒火熊熊地烧了起来。他立即召集一批特洛伊勇士奋起抵抗。他骁勇善战，很快成为出色的勇士。战斗中，他经常得到母亲阿佛洛狄忒的帮助。只要陷入险境，母亲就会来搭救他。因此，他不断创造力量与勇气的传奇。

一次，埃涅阿斯奋力赶去参加一场激战，目的是解救一个叫潘达洛斯的特洛伊将领。潘达洛斯此时深陷重围，处境十分危险。遗憾的是，埃涅阿斯最终没有救出潘达洛斯。潘达洛斯死于敌手。接着，埃涅阿斯凭借非凡的战斗力和勇气将希腊人从潘达洛斯的尸体旁驱离。希腊人从各个方向发动攻击。于是，埃涅阿斯只能绕着潘达洛斯的尸体作战，一会从这个方向出击，一会从那个方向出击。最后，他击退了敌人。敌人撤到稍远的地方，开始向埃涅阿斯投矛、射箭、掷飞镖。埃涅阿斯用盾护住自己和潘达洛斯的尸体。然而，他的大腿最终还是被希腊士兵投来的巨石砸中了。石头太大了，两个人合力才能抬动。埃涅阿斯倒在地上，头枕着手臂，浑身无力，头晕目眩。要不是母亲阿佛洛狄忒及时赶来，孤立无援的他定会死于敌手。阿佛洛狄忒用幔子将埃涅阿斯盖住。幔子很神奇，一盖上，就能免受任何伤害。然后，阿佛洛狄忒抱起埃涅阿斯，离开了敌人的包围圈。射向埃涅阿斯的箭、矛和标枪一碰上神奇的幔子，就毫无用处了。

然而，阿佛洛狄忒带着受伤的儿子飞离的时候，只顾着保护儿子却暴露了自己。追捕阿佛洛狄忒母子的将领是狄俄墨得斯，他向阿佛洛狄忒投了一根长矛。长矛击中了阿佛洛狄忒的手。手伤得很重，非常疼。阿佛洛狄忒强忍着痛苦，没有停下来，按住伤口继续飞。狄俄墨得斯很得意，停止了追捕，然后冲着即将消失的阿佛洛狄忒大声叫喊，让阿佛洛狄忒吸取教训，以后待在天界，不要再来人间干涉凡人的战争。

阿佛洛狄忒把埃涅阿斯送到山上的安全地带后，她头晕目眩，伤口血流不止，于是赶紧飞往奥林匹斯山。当她飞到云层时，美丽的彩虹女神伊利斯赶来帮她。伊利斯发现她失血过多，脸色苍白，即将昏厥。她想办法缓解阿佛洛狄忒的疼痛，然后把她带往更远的一处山上。在那里她们看到了战神马尔斯和他的马车。马尔斯是阿佛洛狄忒的哥哥，他非常同情妹妹，于是把马车借给伊利斯，让伊利斯用他的马车把阿佛洛狄忒送回家。阿佛洛狄忒坐到马车里，伊利斯抓着缰绳，她们就这样穿过天空到达奥林匹斯山。奥林匹斯山上的诸神都聚集在阿佛洛狄忒身旁，为她包扎伤口，对她的遭遇表示同情，同时不断抱怨人类的残忍和暴虐。

以上就是关于埃涅阿斯及其母亲的古老传说。

特洛伊战争后期，埃涅阿斯和阿喀琉斯进行了一次决斗。阿喀琉斯是希腊勇士中的翘楚，甚至被视为决定特洛伊战争结局的关键人物。交战期间，双方军队协商停战，然后在开阔的平原地带选出一块空旷的地方。埃涅阿斯和阿喀琉斯走到空地上，埃涅阿斯站在一边，阿喀琉斯站在另一边，而两军士兵以及聚集于此的百姓则作壁上观。

这场即将开始的决斗吸引了所有人的目光。对埃涅阿斯而言，除了非凡的力量和勇气之外，他还能得到来自天庭的母亲阿佛洛狄忒的保护。只要战斗打响，她就会来支持他；只要他陷入险境，她就会救他。阿喀琉斯的人生也富有传奇色彩。他出生不久，他的母亲忒提斯就把他浸入冥河里。最后，除了没有浸入冥河的脚踝之外，他身体的其他部位都变得刀枪不入。

阿喀琉斯的母亲忒提斯还命人为儿子打造了一块昂贵、漂亮的盾牌。这块盾牌由五层金属制成——第一层和第五层的金属不知名，第二层和第三层是铜，第四层是金。这块盾牌的制作工艺在当时是最精湛的。一开始，忒提斯没有完全相信儿子真的刀枪不入。因此，在阿喀琉斯离家参加特洛伊战争的时候，忒提斯把这块盾牌送给了他。

随着决斗开始，双方逼近彼此，两军士兵都饶有兴致地观战。诸神也在各自的宫殿兴致勃勃地观望。有些神了解阿佛洛狄忒对儿子的感情，所以支持埃涅阿斯；有些神则支持阿喀琉斯。当决斗双方走到彼此跟前正式交手前，他们先停下来，接着用愤怒和警觉的眼神打量着彼此。阿喀琉斯首先开口，他责骂埃涅阿斯参加特洛伊战争是昏了头，来到他这样一位勇士面前简直就是送死。他问："你即使赢得这场决斗，又能获得什么呢？就算你拯救了特洛伊城，你永远也成不了国王。我知道你是王室成员，但普里阿摩斯有儿子，他们才是王位的合法继承人。你不要痴心妄想了。想想吧，你想要跟我决斗，这多么愚蠢啊！我可是希腊勇士中最强壮、最勇敢、最厉害的，并且还有那么多神支持我。"阿喀琉斯继续以一种自以为颇具说服力的方式讲述自己高贵的出身、远大的抱负、作战本领和勇气方面远超他人的优势。当时，他的话是一种精神和力量的恰当彰显，的确令人钦佩，但在今天，这番慷慨激昂的话只会被看作骄傲的自吹自擂。

面对阿喀琉斯的炫耀，埃涅阿斯针锋相对。他用较长的篇幅陈述了自己的身世和崇高理想。然后，他总结道，把时间浪费在唇枪舌剑上没有任何意义。然后，他用尽全身力气把矛猛地投向阿喀琉斯，而这一举动表明决斗开始了。

埃涅阿斯的矛投到了阿喀琉斯的盾上。他的力气非常大，最后矛竟然穿透了阿喀琉斯盾的铜层，扎到金层上。矛这才受阻，掉到地上。此时，阿喀琉斯也拼尽全力把矛投向埃涅阿斯。埃涅阿斯蹲下避开一击。与此同时，他把盾举到头顶，努力使自己站稳，好对抗接下来的攻击。阿喀琉斯的矛又投过来了，从埃涅阿斯的盾的边缘穿过，连带着盾深深地插入地里，立在那里剧烈地抖动着。埃涅阿斯摔倒在了地上，接着他一脸恐惧地站了起来。

阿喀琉斯见没刺中埃涅阿斯，立即拔出剑向埃涅阿斯冲了过去。埃涅阿斯从化险为夷的惊慌失措中醒过神来，举起一块巨石，正如荷马史诗描述的那样，那块石头重得两个人都抬不起来。正当埃涅阿斯准备把石头扔向阿喀琉斯时，意想不到的事情发生了，决斗的进程就此中断。当时，奥林匹斯山上的诸神都在观看这场决斗，有的支持埃涅阿斯，有的支持阿喀琉斯。海神涅普图努斯支持埃涅阿斯。阿喀琉斯高举着剑冲向埃涅阿斯的时候，海神涅普图努斯意识到埃涅阿斯的情况不妙，于是决定出手。他立即飞到两人之间，正如平日的所作所为一样，瞬间用一种异乎寻常的雾把决斗现场罩住了。于是，阿喀琉斯看不清埃涅阿斯的位置了。海神涅普图努斯把阿喀琉斯插在地里的矛抽出来，这样一来，埃涅阿斯被矛刺穿、贴在地面的盾也就松开了。然后，海神把矛投向阿喀琉斯的脚边。他高高拎起了埃涅阿斯，隐身后从观看决斗的步兵、骑兵头顶飞走了。雾气终于散去了，阿喀琉斯发现自己的矛就在脚边。他四下寻觅，却连埃涅阿斯的影子也没见着。

埃涅阿斯参加特洛伊战争，陷入危险后被海神救走等故事存在于古代神话中。现代人把这些神话当成严肃的史实来看待，但不能否认的是，神话中确实存在虚构的情节。神话与宗教信仰之间存在千丝万缕的联系，所以神话本身也被赋予某种不容置疑的神圣。于是，人们愿意相信这些故事，愿意使之流传后世。后人听了这些故事，没有不喜欢，不由衷赞美的，一方面是因为故事本身富有传奇色彩，充满了诗情画意；另一方面是因为故事中蕴含着强烈的宗教精神和令人敬畏的启示。

特洛伊城被攻占后继而遭焚毁，埃涅阿斯只得逃往意大利。途中他曾在一个叫迦太基的地方停留。根据传说，他向迦太基人讲述了希腊人是如何攻占、洗劫特洛伊城的，讲述他是如何从现场狼狈逃离的。以下就是他讲述的内容。

特洛伊战争已经打了很久，双方互有胜负。一天，城墙和塔楼上的哨兵发现希腊人的营地有异动，他们似乎准备撤离。营帐收起来了，士兵们忙着进进出出，看似搬运武器和粮草。舰队停靠在不远处的岸边。岸上一派忙碌，这似乎预示着舰队即将起航。也就是说，希腊人终于厌倦了旷日持久的较量，正准备撤离。特洛伊士兵密切地观察着对方的一举一动。很快，城里的人们就兴奋地发现，和平终于要实现了。希腊人拆解完营帐，然后离开了。他们分批来到岸边，准备登船离开。特洛伊人一确定希腊人真的撤离，就立即打开了城门。城中的士兵和百姓，男女老少一起涌了出来。他们一边检查敌人废弃的营地，一边庆贺可怕的敌人终于走了。

特洛伊人发现一匹巨大的木马矗立在希腊人曾驻扎的营地上，于是就好奇地聚集在这个"怪物"周围。

　　埃涅阿斯讲述时说,木马就像山一般高大。人们用车轮将木马运进了特洛伊城。其间,人们还用绳子套住了木马的脖子。然而,如果木马真的巨大无比,那么按照尺寸来说,绳子所套的部位应该是木马的前腿。埃涅阿斯的描述如此夸张,说明他心中的山应该是那种非常小的山,或者说他使用了模糊的隐喻手法。

　　不管怎么说,木马已经高得足以让所有人惊叹了。特洛伊人围在木马旁,纳闷起来:希腊人为何要造这样一个"怪物"呢?为何撤离时不带走它呢?面对木马,人们既惊且叹,感慨万千,之后开始商量怎样处理这个庞然大物。对此,众说纷纭,莫衷一是。其中一位将领认为,木马是意外之喜,应该把它运进特洛伊城,然后将它作为战利品放在城堡中。另一位将领则坚决反对,他觉得木马可能有诈。因此,他建议将这个"怪物"付之一炬。还有人建议劈开木马,看看里面到底是什么。这时,一位叫拉奥孔的特洛伊将领走了过来。他一到,就厉声指责议而不决的人们。为了发泄对木马的暴怒,他用尽全力把长矛掷到木马身上。长矛插到木马上,不停地抖动着。木马也因这一猛击而发出了深沉的回响。

　　如果处置木马的讨论继续进行,谁也说不准最终的决定会是怎样的。就在这时,新的情况出现了,争论中断了。这个新情况瞬间吸引了所有人的注意,而如何处置木马也有了结果。一批农民和牧民从山上走了下来,激动地大声呼喊着,因为他们抓获了一个希腊人。当这个希腊人被捆绑着押过来时,特洛伊人急切地将他们围了起来。大家蠢蠢欲动,似乎要马上杀了他,然后喝他的血。希腊人不断哀求,请求人们饶恕。他是那么可怜,那么诚恳,似乎感动了特洛伊人。特洛伊人收住了怒气,开始问他问题,听他诉说。

　　希腊人说自己叫西农,是从企图杀他的同胞那里逃走的。他说,希腊的将领们一直都想放弃特洛伊城,多次尝试登船驶离,但每次都被海风和海浪逼了回来,因此撤离计划一再受挫。于是,他们就去求问阿波罗神谕,想要搞清楚海神涅普图努斯为何心情不悦,充满敌意。神谕回复说,他们需要用阿波罗指定的人献"赎罪祭"和"劝慰祭"。

西农说,当这个消息传来的时候,全军上下变得惶恐不安,没有人知道杀身之祸会落在谁的头上。然而,希腊的将领们决定认真地执行这一神谕。奥德修斯让祭司卡尔卡斯指出谁是当死之人。卡尔卡斯等了十天,神谕才出现。他说,西农就是那个注定被献祭的人。西农说,同伴们一听到他们已经摆脱了杀身之祸,就非常欢喜,急忙支持祭司的决定,并着手准备献祭仪式。祭坛已经搭好,献祭之人装饰妥当,花环也按例戴在了他的头上。然而,在献祭即将开始的关键时刻,他还是设法逃脱了。他扔掉头上的花环,躲进了海边的一块沼泽中别人看不见的灌木丛后面,直到希腊人离开。之后,他就一直在外面流浪,饥寒交迫,狼狈不堪。山上的牧民发现他后,就把他捆到了这里。西农连连哀叹着结束了自己的故事。他以为特洛伊人会处死他,而希腊人回去后,也会因他的逃离而杀害他的妻儿。

西农讲故事的神情和举止非常真诚,讲完时看上去那么凄惨和绝望,致使特洛伊的将领们相信了他的话。他的悲惨遭遇引起了人们的同情,最终特洛伊人赦免了他。年事已高的国王普里阿摩斯当时也在现场,他命人解开绑在战俘身上的绳子,让他自在地站立。然后,普里阿摩斯和蔼地说:"忘了你的同胞吧,他们已经走了。以后你就是我们的一员,我们会好好照顾你的。"过了一会儿,他又说道:"现在能否给我们说说这个'怪物'到底是什么。为何希腊人要造这样一个东西?既然造好了,为何又把它留在这里?"

西农仿佛非常感激赦免自己的特洛伊人,声称愿意把知道的所有信息都告诉恩人。他说,希腊人为了暂时代替从特洛伊城抢来的雅典娜女神像,所以建造了木马。木马建这么大的原因是防止特洛伊人运进城,从而获得神的庇佑。

特洛伊人屏着呼吸认真听西农讲,然后因为他的言谈举止而相信了他。无论是谈到其他人时的热情与真诚,还是说起自己不幸时的悲苦与绝望,他的一举一动都伪装得非常好。最后,就连先前想要毁掉木马的人此刻也改了主意,开始怀

拉奥孔。
埃尔·格雷科（El Greco, 1541—1614）绘

着深深的敬意瞻仰木马，然后商量如何把木马运进特洛伊城。如果此刻还有人对此事心存疑虑，那么疑虑很快就被一件不同寻常的事情消除了。这件事情被视为神对拉奥孔的惩罚，因为他把矛插到了木马身上。事情是这样的——特洛伊人决定给海神涅普图努斯献祭。人们用抽签的方式决定由谁执行献祭仪式。签最后落到了拉奥孔身上。于是拉奥孔开始在两个幼子的协助下做准备工作。谁知海上突然出现了两条巨蛇！它们从远处的海面游过来，头伸在水波之上。它们先是向海岸游来，接着沿海岸迅速滑动。过了一会儿，它们上了岸，穿过平地，满是斑点的身体在阳光的照射下闪闪发亮。靠近人群时，它们的眼睛闪烁着光芒，毒液四溢的分叉舌头显露着威胁和蔑视。惊恐的人们四散而去。毒蛇直奔拉奥孔那两个已经吓呆的孩子，然后缠在他们身上。两个孩子吓得尖叫连连，拼命挣扎。然而，巨蛇瞬间就死死地盘住了他们。

拉奥孔所在的位置离巨蛇有点儿远。当巨蛇靠近的时候，他就已经嗅到了危险的气息。因此，刚一听到孩子们痛苦的尖叫声，他就立即拿起武器跑去救孩子。可惜的是，他非但没能救得了孩子，反倒把自己搭了进去。两条巨蛇相继缠住了他的脖子和身体，然后再次残忍地将两个已经不省人事、即将死去的孩子缠住。最后，巨蛇的头从这几具交叠的尸体中露了出来，发出嘘嘘的声音，还伸出分叉的舌头，仿佛在蔑视人类，炫耀自己的胜利。之后，它们溜到附近的一座神殿里，在一尊女神雕像下盘着休息。

现代人很熟悉拉奥孔的故事，因为象征这次灾难的雕像于几个世纪前在罗马城的废墟中被挖了出来。雕像巍然矗立之时，古罗马作家普林尼曾在作品中提到过它。他描述道，雕像由三位艺术家合作而成。他们施展妙手，不惜汗水，精致构思，用一整块大理石雕刻出父亲、两个儿子及两条巨蛇。雕像的五个"元素"紧紧缠绕。随着罗马城的毁弃，雕像消失在废墟之中。几个世纪以来，人们只能通过普林尼的描述来了解该雕像。当它重见天日那一刻，全世界的人都被吸引

拉奥孔和他的儿子们。
雕刻于公元前 200 年，1506 年，其被发现于图拉真浴室遗址

了。后来，雕像被珍藏在梵蒂冈，它出土之地的主人也得了重赏。

拉奥孔是雕像的中心。两条巨蛇将其缠绕，拉奥孔因为惧怕、愤怒，表情变得狰狞。看上去，他想要摆脱巨蛇的挟制却不得其法。其中一条巨蛇已经咬住了一个男孩。在毒液的折磨下，这个受伤男孩的身体缓缓垂下了。另一个男孩还在恐惧的折磨中绝望地挣扎，试图将自己的脚从巨蛇缠绕的缝隙里抽出来。这样的画面让人血脉偾张，痛心不已。然而，除此之外，雕像似乎蕴藏着另外一种神秘的美和魅力，使看过雕像的人深深着迷。毫无疑问，它堪称人类艺术史上的一个奇迹。

现在，我们要回到故事中去。特洛伊人将巨蛇瘆人的造访解读为神对拉奥孔的惩罚，因为他之前当着人们的面将矛插到了木马身上，而这是一种渎神的行为。现在他们非常确信眼前的木马拥有超自然的力量，于是一致决定把木马运回特洛伊城。

准备工作立即开始了。人们首先将木马抬了起来，在木马脚下配置了一些适合在地上滚动的结实轮子，轮子还起到承受木马重量的作用。然后，他们用长绳拴住木马的脖子，把绳子绕向前方。接着一大群百姓和战士在前面拉绳。军队将领和城中的达官显贵亲自跟随木马进城。此外，为了隆重庆祝这一时刻，一群佩戴花环和花冠的孩童来唱诗。为了拓宽木马进城的道路，他们毁掉了一部分城墙。一切准备妥当了，拉绳子的人也分别就位。这时，一声令下，人群就朝城门移动了。行进过程中，尽管遇到了很多的困难，但人们最终还是在预定的时间内把木马运进了特洛伊城，并把它安置在一个大型建筑物前的广场上。随后，人们修复了城墙。这时白天已经过去，夜晚悄然来临，城门关闭了，人们的好奇与惊讶都消散了，各自回家休息。午夜时分，木马独自立在那里，一个膜拜者的踪迹也不见了，只有哨兵还像往常一样守着城门。当然，哨塔和城垛也有哨兵。城里的其他人已经沉睡。

其实，佯装弃城、乘船离开的希腊人只是去了泰涅多斯岛，那里离海岸只有

附录　埃涅阿斯远逃与罗马时代的到来

一里格。白天，他们隐藏在岛上，夜幕降临的时候，他们立刻将船掉头驶回陆地，秘密下了船，在夜色的掩护下来到了特洛伊城门口。与此同时，为了欺骗特洛伊将领而假寐的西农悄悄地下了床，蹑手蹑脚地穿过街道来到放置木马的地方。很快，他打开了藏在木马侧面的一处小门。门里竟然钻出一队全副武装的士兵。这些士兵立刻整理好装备，冲向城墙，杀死了惊呆的哨兵和巡夜者，然后打开了城门。埋伏在城门外的希腊远征军主力趁着寂静的夜色，畅通无阻地进入了特洛伊城。

希腊人秘密行动的时候，埃涅阿斯还在家里睡觉。尽管他的家所处位置比较偏僻，但他还是被远处传来的呼喊声吵醒了。他立即从床上起来，匆忙套上衣服，爬到屋顶去一探究竟。他看到城里多处建筑燃起火苗，殊不知那是希腊人在攻城。他又侧耳倾听，人们的呼喊声及示警的鼓声不断传来。他立即拿起武器冲到街上，大声叫醒还在熟睡的左邻右舍。大家抄起武器，奔赴战场。

途中，埃涅阿斯的朋友潘瑟斯突然出现了。他似乎刚从某种险境逃离，脸上挂满了紧张和愤怒。他是带着年幼的孩子过来的，孩子因为恐惧而面色惨白。埃涅阿斯问潘瑟斯到底发生了什么事情。惊慌失措的潘瑟斯结结巴巴地说，木马里藏有全副武装的希腊士兵，现在他们已经出来了，打开了城门，穷凶极恶的希腊远征军主力潮水般涌入；守城门的将士全部被杀；希腊人已经占领了整个特洛伊，现在正在街上设置路障，纵火焚烧建筑物。最后，潘瑟斯说："一切都完了，大火过后，特洛伊城不复存在！"

听到潘瑟斯的话，埃涅阿斯及其身后的人们异常愤怒。他们决定死战。即使最后免不了一死，他们也要与尽可能多的敌人同归于尽。因此，他们穿过黑暗的街道，借着冲天的大火，听着远处的鼓声和喊叫声，悄然向战场靠近。

很快，他们就发现周围那么恐怖、混乱。他们殊死抵抗。希腊人多次回击了他们。后来，他们与一小队希腊士兵狭路相逢。他们击杀希腊士兵后，换上了对方的盔甲，目的是伪装成希腊人神不知鬼不觉地消灭小规模的希腊部队。后来，他们看到希腊士兵将国王普里阿摩斯的小女儿卡桑德拉从藏身的神殿里拽了出来。于是,他们决定立即采取措施营救卡桑德拉,没想到竟然遭到希腊士兵与特洛伊士兵的同时攻击。特洛伊士兵看到他们穿着敌人的盔甲,戴着敌方的羽饰,误认为他们是敌人,所以从屋顶向他们射箭投镖。这时,他们看到,宫殿被包围了,攀登城墙用的龟背车排好了。场面混乱至极,喧嚣至极,灼眼的火光照亮了整座城。所有这一切显现出一种无法用语言形容的惊骇氛围。

为了搞清楚宫殿里的战况,埃涅阿斯接连上了好几个高高的屋顶。宫殿里有一座高塔,最初用作瞭望之用。塔设计得这么高,有利于驻扎在这里的哨兵俯瞰整座城,从塔的一侧甚至能看到远处海上的情况。这时,埃涅阿斯及其身后的特洛伊人来到高塔下,设法弄断了塔的基座。高塔倒了,砸向那些在宫殿入口怒吼、咒骂的希腊人,瞬间死伤无数,连龟背车也被毁了。不过,一些希腊士兵很快就架起了龟背车,纷纷爬上宫墙;另一些希腊士兵用破门锤摧毁了宫门。就这样,特洛伊城最后一道神圣不可侵犯的"壁垒"被迫向这群穷凶极恶的入侵者敞开了。

当埃涅阿斯和他的同伴从高处的屋顶或城垛俯瞰时,特洛伊城被洗劫一空的可怕景象映入眼帘。希腊士兵使用攻城器械不断撞击,宫墙相继坍塌,王宫里的庭院在火光的映衬下一一显现了出来。

尖叫声、痛哭声及人们因悲痛、害怕和绝望而发出的求告声响彻整个特洛伊城。此时,如果有人继续往前走,那么他就会看到无辜的百姓正来回逃窜,未婚的少女正紧靠着神坛寻求庇护,几近疯狂的母亲为自己和孩子苦苦地寻找避难的场所。

国王普里阿摩斯已经衰老。可怕的喧闹声吵醒他后,他立即拿起武器准备战斗。但他的妻子赫卡柏恳求他不要去。因为她知道一切都完了,继续抵抗只会使敌人更加愤怒,最终没有人能活下来。她劝说普里阿摩斯放下武器,同她一起去宫殿的神坛,因为敌人不敢在那里渎神。他们可以在那里耐心地等待战争结束。普里阿摩斯听从了王后赫卡柏的请求,和她一起前往她所说的神坛。他们的计划极有可能拯救他们的生命,但一件意外的事情突然发生了,并最终导致他们死亡。当普里阿摩斯和赫卡柏恭敬地坐在神坛前祈祷时,他们的一个儿子突然跑了过来。他在打斗中受伤了,血流不止,后面还跟着愤怒而残暴的敌人。这个精疲力竭、即将昏厥的孩子就这般倒在了父母的身旁。鲜血从伤口涌出,血泊中的他奄奄一息。年老的父亲被眼前的这一幕气疯了,一下子跳起来,拿起一把标枪,一边大声咒骂杀害儿子的凶手,一边把标枪投向正往这边赶来的希腊士兵。他的标枪击中了敌军将领的盾,之后又被弹了回来。他的反击不但没能给儿子报仇,反倒激怒了那些想要摧毁一切的希腊士兵。领头的士兵冲向前去,一把抓住了普里阿摩斯的头发,将他拖拽到神坛前,他的双脚从儿子的血泊里滑过。接着,领头的士兵抽出一把剑插入了普里阿摩斯的身体里,直到剑柄都没入其中,然后将抽搐不止、即将死去的普里阿摩斯扔到了他奄奄一息的儿子身上。

就这样,普里阿摩斯连同特洛伊人的最后的一丝希望破灭了。希腊人占领了整个特洛伊城,洗劫了宫殿,摧毁了堡垒,杀害了国王,而特洛伊人失去了抵抗的"精神大厦"。

此时,埃涅阿斯就站在宫殿旁一座堡垒的箭塔上,他亲眼看见了希腊人攻占宫殿、杀害普里阿摩斯的场景。他立即放弃了所有抵抗,转而开始思考自己和家人该如何从这场不断逼近的灾难中逃脱。他想起自己住在城里的父亲安喀塞斯,安喀塞斯的年纪几乎和国王普里阿摩斯的年纪一样大;想起留在家里的妻子和他的小儿子阿斯卡尼俄斯。于是,他被恐惧吞噬了。他恍惚觉得,敌人有可能已经找到他的家,甚至此刻就在抢掠、破坏,对他的妻子和家人施暴。他立即决定赶回家。

埃涅阿斯向四周看了看,想知道谁还在他的身边,却发现一个人都没了。他们都已经走了,留下了他一个人在这里。有些人跳下箭塔,向城里的其他地方逃去;有的人不慎跌入熊熊大火中,很快就烧死了;有的人被希腊士兵投来的箭和镖射中，掉下去摔死了。这时，希腊士兵高喊着往城里的其他地方去，因为摧毁宫殿后就没有必要留下来了。最后，他们的喊声渐渐远去。宫殿这里只有埃涅阿斯独自一人了。

埃涅阿斯走到街上，悄悄地选了一条小路，警惕着周围可能发生的危险，小心翼翼地沿着宫殿的废墟回家。但他还没有走多远，就在必经的神坛那里看到了一个躲在黑暗中的女人。她是海伦。

海伦是斯巴达国王墨涅拉俄斯的前妻。数年前，海伦和普里阿摩斯的儿子帕里斯私奔。该事件是特洛伊战争爆发的主因。后来，墨涅拉俄斯来到特洛伊城，向帕里斯索要海伦，但遭到帕里斯的拒绝。为了夺回海伦，墨涅拉俄斯回希腊后，立即组织大军，远征特洛伊。特洛伊战争从此爆发。因此，无论海伦是否无辜，特洛伊人都将她视为灾难之源。

埃涅阿斯看到海伦时，一想到所有灾难都因她而起，是她毁了自己珍视的一切，他顿时怒火中烧，决定杀了海伦来报复希腊人。他朝海伦的藏身之地冲去，自言自语道："我要杀了她。虽然用武力报复一个女人或者让她受到应有的惩罚是不光荣的，但我还是要杀了她。人们会称赞我的义举。我不允许她毁灭了特洛伊后，再回斯巴达继续做王后。"说完，他拿着剑就向海伦冲过去。突然，他的母亲阿佛洛狄忒出现了，拦住了他，拉着他的手，让他平息怒火，劝他冷静。她说："特洛伊的毁灭不是海伦造成的，是神要毁灭特洛伊，人的力量是改变不了的。因此，与宿命抗争或者依靠什么手段、发挥什么才智去报复，都是没有意义的。别再想海伦了，想想你的家人吧。你年迈的父亲、无助的妻子及年幼的儿子。他们在哪里呢？现在你准备把时间浪费在报复海伦上，而你最亲近、最爱的人却正被那些恨不得饮他们血的残暴敌人层层包围。赶紧回家去救他们！虽然你看不见我，但我会陪着你，保护你和家人不受任何伤害。"

说完，阿佛洛狄忒就消失不见了。埃涅阿斯听从了她的告诫，赶紧往家走。当他穿过街道时，他发现巡逻的士兵都以一种神奇的方式给他让路。于是，他确信母亲真的伴着自己，用神力保护着自己。

埃涅阿斯进了家，一眼看到了父亲安喀塞斯。他告诉父亲一切都完了，他们已经一无所有，只能逃到特洛伊城后面的山上躲一段时间。但安喀塞斯不想走，他说："你们还年轻，未来还有很长的路要走，你们逃走吧，我就不逃啦！我不想在流亡中度过余生。神如果想让我多活几年，就会保全这片土地。这是我唯一的家。你们自己走，让我死在这里吧。"

安喀塞斯沮丧地转过身去，固执地站在那里。显然，他要留在这里与特洛伊城共存亡。埃涅阿斯和妻子克瑞乌萨恳求他离开，但安喀塞斯无动于衷。埃涅阿斯说，他不会把父亲一人留下，要死就一起死。他命人拿来铠甲开始穿戴，决定再次冲到街上。如果一定要死，那他宁愿死在杀敌的过程中。

但埃涅阿斯还没来得及冲出去，就被妻子克瑞乌萨拦下了。克瑞乌萨跪在门槛上。她太恐惧了，几近疯狂。她一只手将儿子阿斯卡尼俄斯搂在怀里，一只手不停地拍打着丈夫的膝盖，乞求他不要离开。她说："留下来救我们出去，不要出去送死。如果你非要去，那就带我们一起，这样我们就可以死在一起了。"

于是，悲伤笼罩了这个家，大家又僵持了一段时间。最后，安喀塞斯妥协了，一家人决定一起逃出去。与此同时，街道上的嘈杂声和喧闹声离他们越来越近了，熊熊燃烧的房屋火花四溅。这一切都预示着剩下的时间不多了。埃涅阿斯很快就想出了一个计划。他的父亲年老体弱，自己无法出城，埃涅阿斯决定背着父亲。小儿子阿斯卡尼俄斯走在他身边，妻子克瑞乌萨则紧跟在他身后，以防在黑暗中或者经过混乱的地方时走丢。家里的其他人则另择路出城，以期分散敌人的注意力。大家约定好了，一旦出了城，就去埃涅阿斯指定的高地会合，那里离特洛伊城不远。埃涅阿斯告诉他们，那里有一座荒废的神殿，神殿旁边长着一棵珍贵的柏树。

计划开始执行了，大家纷纷着手准备。埃涅阿斯把一块狮皮披到自己肩上，好让父亲舒服点儿。他的父亲安喀塞斯把所谓的家神雕像拿在手里。家神

埃涅阿斯逃离燃烧的特洛伊城。
腓特烈·巴洛克（Federico Barocci，1535—1612）绘

雕像是圣物，通常摆在家里，以便受到神的庇护。当一个家庭准备远走他乡时，家中的男丁想带走的东西，如果只能带走一件，那么一定是家神雕像。埃涅阿斯刚从战场返回，如果未经沐浴就触摸家神雕像，那是不敬神，因此他让父亲带上雕像，然后背上父亲，手牵着阿斯卡尼俄斯，身后紧跟着妻子克瑞乌萨。就这样，他们到了街上，远远地看到燃烧的大火。大火照亮了天空，城垛和哨塔隐约可见。

埃涅阿斯虽然紧张、忧虑，但他仍然沉着地带着家人不断前行。途中，他一会儿摸着城墙走，一会儿穿过昏暗狭窄的街道。其实，他害怕极了。镖或者箭射中安喀塞斯或者克瑞乌萨怎么办？希腊士兵突然出现怎么办？他心里明镜似的，一旦担心的事情发生，那么他的家人都会被杀。他现在背着父亲，遇到危险他无可奈何，既无法自保也无法保护家人。然而，有那么一会儿他们似乎脱离险境了。就在走向城门，觉得安全有望的时候，他们突然被一阵很大的喧嚣声惊住了。一群人从街上冲到他们跟前，扬言要杀死他们。原来是希腊士兵拿着闪闪发光的

附录　埃涅阿斯远逃与罗马时代的到来

埃涅阿斯逃离特洛伊。
吉罗拉莫·根加（Girolamo Genga，1476—1551）绘

武器冲了过来，安喀塞斯非常害怕，大声催促埃涅阿斯要么再跑快点儿，要么拐到另一条路上。混乱场景使埃涅阿斯迷失了，但他还是匆忙向前跑，在貌似最佳的逃脱路线上一会儿往这边跑，一会往那边跑，时不时被四散奔逃的人困住或者挡住。庆幸的是，他们最终找到了城门。埃涅阿斯没顾上回头，一口气跑到了约定会合的地方，然后轻轻地放下父亲。他回头找克瑞乌萨，这才发现不知何时克瑞乌萨不见了。

埃涅阿斯立即慌了。面对这场可怕的灾难，他绝望地大声呼喊。不过，他很快就意识到自己应该采取行动而不是悲伤，因为悲伤是没有意义的。于是，他把父亲和阿斯卡尼俄斯藏在山下一个漆黑而曲折的溪谷里，并让家族的其他人照看。然后，他迅速返回城中寻找克瑞乌萨。

出发寻找妻子之前，埃涅阿斯先武装了自己，好应对可能碰到的危险。然后，他直接回到刚才逃离的城门，立即进入特洛伊城。城里到处是燃烧的房屋。埃涅阿斯借着火光，尽量原路返回。

极度紧张、焦虑的埃涅阿斯寻遍了每一个地方，但还是不见克瑞乌萨的踪影。最后，他想到，当克瑞乌萨发现与丈夫走散后，很有可能回家避难了。于是，他决定回家去看看。这是他最后的希望了。但令他绝望的是，回家后他还是没能找到妻子。

埃涅阿斯到家时，发现房子已经陷入火海了。附近的房子也烧着了，房主从大火中救出的家具物什都堆积在街道上。此刻，站在街道上的人们，无助地看着房子被焚毁，任凭自己被悲伤与恐惧吞没。

埃涅阿斯望着眼前的场景，心头一紧，马上呼喊克瑞乌萨的名字。他在人群中不断地穿梭着，疯狂地喊着她的名字，恳求人们提供一点儿克瑞乌萨的消息。然而，他最终一无所获，克瑞乌萨连个影子也不见。于是，他继续去城里别的地方寻找，遇见特洛伊人就打听克瑞乌萨的下落。最后，在城里一个幽静的角落，克瑞乌萨的灵魂突然出现在埃涅阿斯面前。埃涅阿斯一下子停了下来，不再紧张，不再焦虑。克瑞乌萨的灵魂极轻盈，看上去就像一个影子，平静温和地望着埃涅阿斯。埃涅阿斯觉得这种神情非凡间所有，好像克瑞乌萨在世间经历的所有悲伤与痛苦都消失了。

埃涅阿斯初见克瑞乌萨的灵魂时非常害怕。然而，克瑞乌萨说了一番安慰的话，使他镇定下来。她说："亲爱的丈夫，不要因为我而不安和悲伤。我们经历的这些事情并非偶然，而是全知全能、主宰万物的神的命令和指示。你无法带我离开，这是天意。现在我已经知道你未来的命运是怎样的了。你将经历一段漫长、沉闷、乏味的旅程。途中你会遭受各样的困难、危险和考验。但你会一一克服，最终安全抵达台伯河岸。在那里你会组建一个平安、和乐的家。你会碰到一位国王和一位公主。公主会成为你的新娘，此刻她就在那里等你。不要为我悲伤，相反你应该替我开心，因为我没有落入敌手成为俘虏。我现在是自由的，你不要再为我哭泣。再见了，我的丈夫。请看在夫妻情分上，好好爱阿斯卡尼俄斯，照看他、保护他直到永远。"

说完，克瑞乌萨的灵魂开始消散。埃涅阿斯伸出胳膊想抓住，却怎么也抓不到。他还没来得及说话，克瑞乌萨的灵魂就已经消失不见了。他独自站在街道上，街道是那么昏暗凄凉。最终，他缓慢地转身离开，孤独悲伤，浮想联翩。他来到城门口，然后出城回到父亲安喀塞斯和儿子躲藏的那个溪谷。

埃涅阿斯发现他们安然无恙。他们躲了几天后，开始计划离开故国特洛伊。很快，一切都准备好了。希腊人一撤退，他们就可以放心大胆地出来。埃涅阿斯命人造了一些当时常见的小船及配套的帆和桨。

其间，那些藏在山里的特洛伊人听说希腊人已经离开，听说埃涅阿斯正在岸边不断召集幸存者，于是纷纷赶来加入埃涅阿斯的队伍。这样一来，人口数量迅速增多，埃涅阿斯开始相应地增加船只。当可以扬帆起航的时候，埃涅阿斯发现他率领的俨然是一支颇具规模的海上军事力量。

一大批物资运上船后，埃涅阿斯命人们登船。当然，他还带着安喀塞斯和阿斯卡尼俄斯。顺风吹来，船正式启航。当船缓缓离岸，人们纷纷跑到甲板上，怔怔地看着不断后退的海岸，悲伤之情油然而生。他们知道要和故乡永别了。

色雷斯是距离特洛伊最近的国家，位于爱琴海和马尔马拉海以北。达达尼尔海峡将其与特洛伊隔开。因此，埃涅阿斯向北朝色雷斯的方向航行。没过多久，船队抵达色雷斯。人们下船后，开始着手准备定居的相关事宜。但埃涅阿斯目睹了一件可怕的奇事，促使他带着人们迅速撤离，而定居计划自然就泡汤了。事情是这样的：

船队抵达色雷斯海岸后，埃涅阿斯在岸边建了祭坛，准备依照惯例献祭。埃涅阿斯想用树枝来给祭坛遮阳，于是就到附近的桃金娘丛中砍一些绿色的枝子。然而，吓人的一幕出现了，树枝的断裂处竟然流血了。当他把树枝拽到手里时，类似人血的液体从断裂处渗出，然后缓缓地落到了地上。看到这一幕，埃涅阿斯毛骨悚然。他认为这是大凶之兆。因此，他赶紧向这里的土地神献祭，希望无论树枝滴血预示着什么，灾难都不要降临在自己头上；如果能告知其中缘由，那就最好不过了。献祭后，他抓住另一株桃金娘的根部，试图拔出来，看看事情是否发生变化。然而，就在桃金娘断开时，地下突然传出了呻吟声，像是一个备受煎熬的人发出的。接着，一个充满悲伤的声音求他赶紧离开，不要打扰死者的安息。这个声音说道："你撕扯的不是树而是人。我是波吕多洛斯，被色雷斯国王波林涅斯托耳杀害后抛尸荒野。后来我变成了一株桃金娘，长在海岸边。"

波吕多洛斯是特洛伊王子，普里阿摩斯的幼子。多年前，波吕多洛斯被送到了色雷斯，他在色雷斯王宫中长大。波吕多洛斯离家时，他的父亲为了使他在色雷斯享受特洛伊王子的生活，送给他一大批金银财宝。然而，谁也没想到，这些金银财宝给他带来灭顶之灾。色雷斯国王波林涅斯托耳得知特洛伊在战争中失利，波吕多洛斯的父亲普里阿摩斯被杀，特洛伊城被毁时，就杀了这个手无寸铁的王子并霸占了他的财产。

埃涅阿斯和他的同伴听到这个事情后非常震惊，立刻意识到色雷斯并非安全之地，于是决定离开这里，去其他地方求生存。但离开前，他们为死去的特洛

波林涅斯托耳杀死波吕多洛斯。
约翰·威廉·包尔（Johann Wilhelm Baur，1607—1640）绘

附录　埃涅阿斯远逃与罗马时代的到来

伊王子波吕多洛斯默默地举办了符合他身份的葬礼。当催人泪下的仪式结束后，他们赶紧登船驶离。

之后，埃涅阿斯一行在地中海航行了数月，从一个小岛到另一个小岛，从一片海岸到另一片海岸。途中，他们渡尽劫波，历尽磨难。一次，他们错解了一个预言，就准备定居克里特岛。克里特岛位于爱琴海南部，是一个树木葱茏的美丽小岛。他们向爱琴海南部行驶的途中曾经拜访过一个圣地。他们请求神谕给他们指明方向，从而找到定居之地。神谕回复道，他们应该去他们的祖先到特洛伊之前生活的地方。埃涅阿斯问安喀塞斯那是什么地方。安喀塞斯记得一个古老的传说曾提到，特洛伊人的祖先中有一些很有名的人曾生活在克里特岛，于是他说神谕提到的那个地方应该是克里特岛。

埃涅阿斯一行就不断向南行驶，并在预期的时间内安全抵达克里特岛。一上岸，人们马上开始着手各种定居的准备工作。他们把船拉上岸，计划在岸边建一座城，圈了地准备播种，开始建造房屋。然而，在很短的时间内，一场突发的可怕瘟疫打破了人们的美好愿望。很多人都在瘟疫中死去，侥幸活下来的人也在疾病的折磨下变得瘦弱不堪，最后只能在地上爬行。放眼一望，场面极为悲惨、极为辛酸。接着是一场严重的干旱，这无异于雪上加霜。庄稼都旱死了。因此，瘟疫带来了恐慌，干旱带来了生命的威胁。他们害怕极了，完全不知所措。

面对岌岌可危的形势，安喀塞斯建议埃涅阿斯应该回到那个圣地再详细询问一下神谕，确定他们是不是误解了神谕，从而选错了定居之地。如果定居之地选对了，就问问他们是不是做了错事，从而惹怒了神，以致遭受如此严厉的惩罚。埃涅阿斯决定听取父亲的建议，但他还没动身，另一件事就发生了，改变了之前的计划。

这天晚上，埃涅阿斯躺在床上，他心事重重，辗转反侧，难以入眠。如何摆脱眼前的困境呢？他绞尽脑汁地想着各种方案。月光透过窗户射了进来，他看到了卧室里的家神雕像，那是之前从烈火熊熊的特洛伊城中带出来的。当他克制着内心的不安和忧虑，在静谧的午夜虔诚地仰望家神雕像的时候，其中一尊开口说话了："我们是阿波罗派来的，既然你想再次求问神谕，那我就来告诉你答案，这样你就不必重返圣地了。你们的确误解了神谕的意思，不应该选克里特岛为定居之地。你的定居之地在意大利。意大利离这里还很远，穿过广袤无垠的大海才能到达。你遇到了挫折，遭受了苦难，但你不要气馁，日后你必定会兴旺发达。你会安全抵达意大利，然后创建自己的王国，王国疆域会不断扩大。所以，鼓起勇气，自信起来，高兴起来，再度起航出发吧。一切都会好起来的。"

在神的激励下，埃涅阿斯的力量恢复了，精神振作了。他立即决定遵照神的旨意，放弃这座未完工的城，带领大家再次登船。船驶向了大海，新的征程开始了。其间，他们遇到了各种危险，如果我们一一讲述，篇幅就太长了。他们遇到一场持续了三天三夜的暴风雨，船前后不停地摇晃。星光或阳光一点儿也看不到，

哈比。
出自17世纪出版的《怪物志》中的插图。绘者信息不详

他们失去了方向。一次,他们差点儿被翻滚的可怕巨浪吞没。还有一次,他们停靠在一个岛上,打算稍做休整,补充物资。他们竟然遭到哈比的攻击。哈比是一种形似鸟的动物,身体庞大,攻击力强悍,凶残至极,贪得无厌。事实上,很多古老的神话中都提到过著名的哈比,它们出没于海岸边,经常骚扰或折磨那些接近它们的水手或者冒险者。不过,有人认为,哈比这样的族群其实不存在,最多不过两三只,并且他们还给哈比取了名字,不同的人取的名字也不相同,例如"Aëlopos""Nicothoë""Ocythoë""Ocypoæ""Celæno""Acholoë"及"Aëllo"。一部分认为,哈比的脸和体型比较像女人,另一部分人认为它们极其丑陋,但有一点大家的看法是一致的,那就是它们非常贪吃,恨不得爪子所及,悉数饕餮。

这些凶残的"怪物"飞到埃涅阿斯的船上,当着他们的面带走了桌上的食物,有的甚至攻击船上的人。大家拔出了刀剑,准备在哈比再次靠近时杀死它们。不过,敏捷的哈比最后避开了人们的刀剑,再次带着"战利品"离开了。埃涅阿斯和同伴不堪其扰,只好乘船离去。他们将物资搬往船上的过程中,为首的哈比竟然伏在一块岩石上盯着他们,就像人一样嘲讽、咒骂埃涅阿斯和他的同伴。

后来,埃涅阿斯一行在埃特纳火山附近登陆,接着度过了更可怕更恐怖的一夜。午夜时分,烟雾、火焰及熔岩突然喷出,轰隆隆的鸣响从人们的脚下传出。他们猜想:难不成地下住着一种吞噬火焰的可怕的怪物?无法言说的恐惧笼罩了他们。因此,当晨曦一照亮前方的路,他们就匆忙收拾好离开了。一次,他们上了一片海岸,这里住着一个体型庞大、无比残忍的独眼巨人。他是食人"恶魔"。抓到人后,他先在洞穴旁的石头上摔打,接着将人吃掉。独眼巨人在洞里睡觉时差点儿被人杀掉。但他的体型太庞大了,根本就没法斩杀。最后,他的眼睛被剜掉一只。埃涅阿斯一行来到这里时,只见独眼巨人正在用海水清洗伤口,走路时拄着一根长条松树枝……

最后,经过长途跋涉,历经数不清的冒险,埃涅阿斯一行终于抵达了意大利海岸,根据神谕,这里就是登陆的地方。

以上内容均取材于史学家的研究，是对埃涅阿斯生平的概括和总结。虽然它不能被当作史实，但值得现代博学之士给予特殊关注。埃涅阿斯的故事诠释了无可复制的诗意的美，给人留下的印象更深刻、更广泛、更持久。

拉丁姆是一座意大利古城，位于台伯河南岸。埃涅阿斯一行抵达意大利时，拉丁姆还是独立的王国。当时统治拉丁姆的国王是拉丁努斯。

拉丁姆就是后来罗马崛起的地方，当时人烟稀少，风景秀丽。地形以山地和河谷为主，居民大部分是牧人和农夫。城乡分界不明显。拉丁努斯麾下有一支大军，他们都是希腊人的后裔。他们的始祖在这里殖民时，希腊的书写技艺也落地生根了。这时，他们已经使用卡德摩斯引入的拼音字母。他们擅长制造武器和一些简单乐器。此外，他们还会用木头或者石块建造房屋。他们在城里按需建造了住宅和防御用的城墙和城垛。

埃涅阿斯将船驶入台伯河口，然后抛了锚。埃涅阿斯和他的追随者都已经疲惫不堪，迫切想登上陆地安家落户。启航时，船甚多，人甚众，但长途漫漫，灾难频仍，致使人员锐减，侥幸活下来的人则亟须休息。船队一抵达河岸，其中一些船就遭焚毁了。据说，烧船的人不是妻子就是母亲，她们觉得，船一毁就不用走了。

暂且不管事情的真相是怎样的，埃涅阿斯特别希望将眼前这片美丽的土地变成永久的家园。各处风景引人入胜。平原地势起伏和缓，向四周延展开来，葱绿的树丛遍布，芳花盛开。海景早就使水手们的视觉疲劳了，乍一见这铺天盖地的碧草绿叶，没有不陶醉的。远处矗立着壮美的群山。轻柔而温暖的薄雾慢慢地移动着。迷人的风景就好像洗了一个意大利特有的日光浴。

人们下船后，选好了地点，搭建了营帐，建造了一些简易的碉堡，进行必要的防御。埃涅阿斯派人去勘察台伯河口和航道，以便做好应对意外或危险的准备。他又派人建造祭坛，一方面是为了献祭及举行宗教仪式，一方面是为了鼓舞人、激励人。他还迅速组织了一支斥候深入陆地内部，既要考察地形，又要与当地居民沟通。

斥候开始沿着河岸前进,穿过田地,很快就发现这里分布着许多的村庄和城镇。他们打听到国王的名字及国王所在的城邑。与此同时,拉丁努斯也获悉了这些陌生人到来的消息。他的第一反应是立即动用全部的军事力量进攻他们,将他们从海岸驱离。但经过一番详细的了解,他得知这些人不仅困乏而且狼狈。从有关他们的穿着和行为的描述中,拉丁努斯猜测他们是希腊人。这种猜测让他惴惴不安了,因为当时希腊人称霸地中海,令许多国家闻风丧胆。虽然他很恐惧,但他很同情这些陌生人。因此,有那么一段时间,他完全不知道该怎样对待他们。

这时,埃涅阿斯决定派使者去见拉丁努斯,好解释他们这么多人来意大利的原因。接着,他又派出一个使团携带厚礼去见拉丁努斯,嘱咐其中一些人如何跟拉丁努斯说话。礼物中有做工精巧的武器、金银财宝、精美的服饰及献劝慰祭的祭品。一切都备妥后,使团就朝拉丁姆走去。使者们抵达拉丁姆后,发现城大墙高,角楼相连,城垛密布。一群人聚在城门外,有的玩游戏,有的忙于各种训练或马术表演,有的正驾着马车在环形跑道上狂奔,有的骑在战马上竞技,有的练习投镖、射箭或掷标枪。他们要么为了提升技能,要么为了取得胜利,赢取奖品。这时,使团的人停了下来,等待国王拉丁努斯召见。

拉丁努斯决定接见使者,于是使者被引导着入了城。他们穿过道道城门,走过条条街道,最后来到一座大型建筑物前。它看起来像是宫殿,或者元老院,抑或要塞。在通往这座建筑物的路上,他们看到陈设在里面的古代武士雕像、军事勋章及缴获的战利品,例如军械、马车、船头雕饰、羽饰及城门闩。这些东西经过战争的洗礼已经变得破旧,虽然失去了使用价值,却因为象征着战斗的勇气而被保存了下来。使者最后来到大厅,见到了国王拉丁努斯。

行过礼后,特洛伊使者把埃涅阿斯的话告诉了拉丁努斯:他们在意大利登陆没有恶意,国家遭难,家园被毁,这才背井离乡,远渡重洋;途中,他们经历困难之多，危险之巨，简直无法想象；最终在意大利登陆并非偶然，而是上天的意旨，拉丁姆就是他们的归宿。于是，他们找到了意大利海岸，来到了台伯河口，并成功登陆。现在，他们的领袖埃涅阿斯希望国王能够允许他们在这里定居，如果国王能赐予一片土地，好让他们建造自己的城，那就感激不尽了。

使者的到来及他们说的话打动了拉丁努斯，他同意了特洛伊人的请求，愉快地接受了他们奉献的礼物。显然，他非常高兴。他之前已经听说过特洛伊毁灭、埃涅阿斯一行人逃离的传言；他知道他们沿地中海岸航行很久了，因此自特洛伊城毁灭后，已经过去好多年了。拉丁努斯很快就决定和埃涅阿斯结盟，并划出一块土地供他们建城。就这样，问题很好地解决了。

还有一件事情对拉丁努斯和特洛伊人盟友关系的确立发挥了重要的作用。原来，埃涅阿斯抵达拉丁姆时，拉丁努斯正与拉丁姆南岸的鲁图利亚人激战。拉丁努斯认为，一旦跟特洛伊人结盟，那么开战期间就能获得他们的帮助。埃涅阿斯来见拉丁努斯时，非但没有提出异议，反倒积极表示帮助他们保卫国家，尤其要帮助他们打赢当前这场战争，从而报答拉丁努斯视他们为朋友、允许他们定居拉丁姆的恩情。

随着双方同盟的日益巩固，埃涅阿斯最终继承了拉丁努斯的王位。拉丁努斯有个独生女，叫拉维妮娅。她天生丽质，倾国倾城。她的母亲就是拉丁努斯的王后阿玛塔。王后一直想把女儿嫁给图努斯。图努斯是一位王子，从小在拉丁努斯的宫廷长大，年轻有为，人品甚好。更重要的是，图努斯是阿玛塔的远房亲戚。如果他和拉维妮娅结婚，那么二人以后可以共同继承拉丁努斯的王位。然而，拉丁努斯的行为让他们的如意算盘落空了。拉丁努斯为了确保埃涅阿斯忠心追随，打算把女儿嫁给他。埃涅阿斯非常愿意。至于拉维妮娅做何感想，我们不得而知。但她与埃涅阿斯的婚事很快定下来了，并且很快举行了婚礼。图努斯愤然离开了拉丁努斯的宫廷，离开了这个国家。

埃涅阿斯和他的追随者终于脱离了苦难，开始在这片富饶的土地上建城。

埃涅阿斯来见拉丁努斯。

费迪南德·波尔（Ferdinand Bol，1616—1680）绘

加之，他们受到强大的盟友庇护，这一切似乎都预示着他们即将过上幸福安康的日子。很快，他们满怀激情，开始建城了。

起初，埃涅阿斯将该城命名为"特洛伊"，以此纪念毁于战火的特洛伊城。但考虑到他与拉维妮娅即将大婚，他决定把城的名字改为"拉维尼"，以此表达对拉维妮娅的爱。

拉丁努斯拨给特洛伊人的土地在拉丁姆城西南，靠近岸边，毗邻鲁图利亚。图努斯离开拉丁姆后，去了鲁图利亚。他恨拉丁努斯将女儿拉维妮娅许配给埃涅阿斯，所以他决定加入鲁图利亚军队，进攻拉丁姆。鲁图利亚人命图努斯为将，很快他就率领一支大军穿过边界逼近拉维尼。这时，埃涅阿斯意识到自己正面临一个非常可怕的敌人。

埃涅阿斯与图努斯开始交战前，发生了一些事，最终导致新近结盟的拉丁姆人与特洛伊人疏远了。于是，面对图努斯及其率领的鲁图利亚大军，埃涅阿斯只能独挡。原来，拉丁努斯与埃涅阿斯结盟并没有获得拉丁姆普通百姓的支持。他们对这些外来的陌生人既妒且疑。他们认为，国王因为偏心才留下他们。一开始，百姓一直强压着心头的嫉妒和疑虑，但很快这种嫉妒和疑虑演变成了怒气，怒气的爆发就差导火索了。

拉丁姆有个叫伊特鲁斯的王室牧民。他生活在拉丁努斯的领地，住着自己的小木屋，看管拉丁努斯的牛羊。他有两个儿子，一个女儿。女儿叫西尔维娅。一天，伊特鲁斯的两个儿子在树林里捕获了一只牡鹿，当时它正和母鹿待在一起。它被捕获时非常小，因此兄弟二人把它带回家后给它喂奶。牡鹿在他们的悉心呵护下渐渐长大。它非常温顺，深得全家人的喜欢。西尔维娅尤其喜欢它，经常和它玩耍。她还用泉水给它洗澡，给它梳理毛发，给它戴上花环和花冠。

此时，埃涅阿斯的儿子阿斯卡尼俄斯已经长大成人，就像这个年纪的其他年轻人一样行事冲动。一天，狩猎回家途中，他碰巧经过伊特鲁斯家。他拿着弓箭，猎犬跟在他身后。当他经过溪水旁的小树林时，他的猎犬突然看到了西尔维娅的牡鹿。牡鹿没有任何防备，意识不到即将大难临头。它离开了伊特鲁斯的院子，跑到溪旁去喝水。阿斯卡尼俄斯的猎犬开始狂吠起来，并扑向牡鹿。阿斯卡尼俄斯跟在猎犬后面，不一会儿就从箭袋里拿出一支箭，并拉开弓。牡鹿刚一进入他的视线，他就把箭射了出去。牡鹿被射中了，虽然伤得很重，但它没有倒下，而是离开小溪，向家里奔去，好像是要去寻求西尔维娅保护。路上留下了斑斑血迹。它跑进西尔维娅为它搭建的小窝，然后安静地趴着，发出阵阵令人心碎的哞叫。

西尔维娅的父亲伊特鲁斯和他的两个儿子得知阿斯卡尼俄斯无故射伤了他们的牡鹿后怒火中烧，走出家门召集住在附近的牧民。牧民们特别理解伊特鲁斯和他的儿子们的愤怒，就拿起棍棒、火把、镰刀冲了出去，想好好惩罚那些射鹿者。

与此同时，特洛伊年轻人集结起来，赶来保护阿斯卡尼俄斯。双方都很冲动，因此村里的长者还没赶来就发生了冲突。一支箭刺穿了伊特鲁斯的一个儿子的喉咙，他倒地身亡。他叫阿尔蒙，这时还是一个孩子。他的突然死亡大大刺激了人们。接着，又一个人被杀了。虽然冲突最终结束，但牧民们没有消气，于是就把死难者的尸体运到都城给拉丁努斯看，坚决要求拉丁努斯向特洛伊人开战，从而赶走他们，让他们从哪里来回哪里去。

拉丁努斯发现众怒难平，无论他怎么解释、安抚，都不起丝毫作用。很快，拉丁姆人开始排斥特洛伊人。埃涅阿斯发现他被困在城里了，四周全是敌人。图努斯的大军也在虎视眈眈。看起来特洛伊人只能听天由命了。然而，埃涅阿斯没有绝望。他一方面为开战积极准备，另一方面去邻国求援。拉丁姆的邻国矛盾重重，很容易分化瓦解。最后，不少邻国同意与特洛伊人并肩作战。就这样，大批援军来到埃涅阿斯的营地，更多援军正在路上。战争很快就爆发了，双方僵持了很长一段时间，其间各有胜负。

这时，拉丁努斯已经老朽了，不像年轻时那样好战和热衷功业了。他心里很

阿斯卡尼俄斯射杀西尔维娅的牡鹿。

克劳德·洛兰（Claude Lorrain，1600—1682）绘

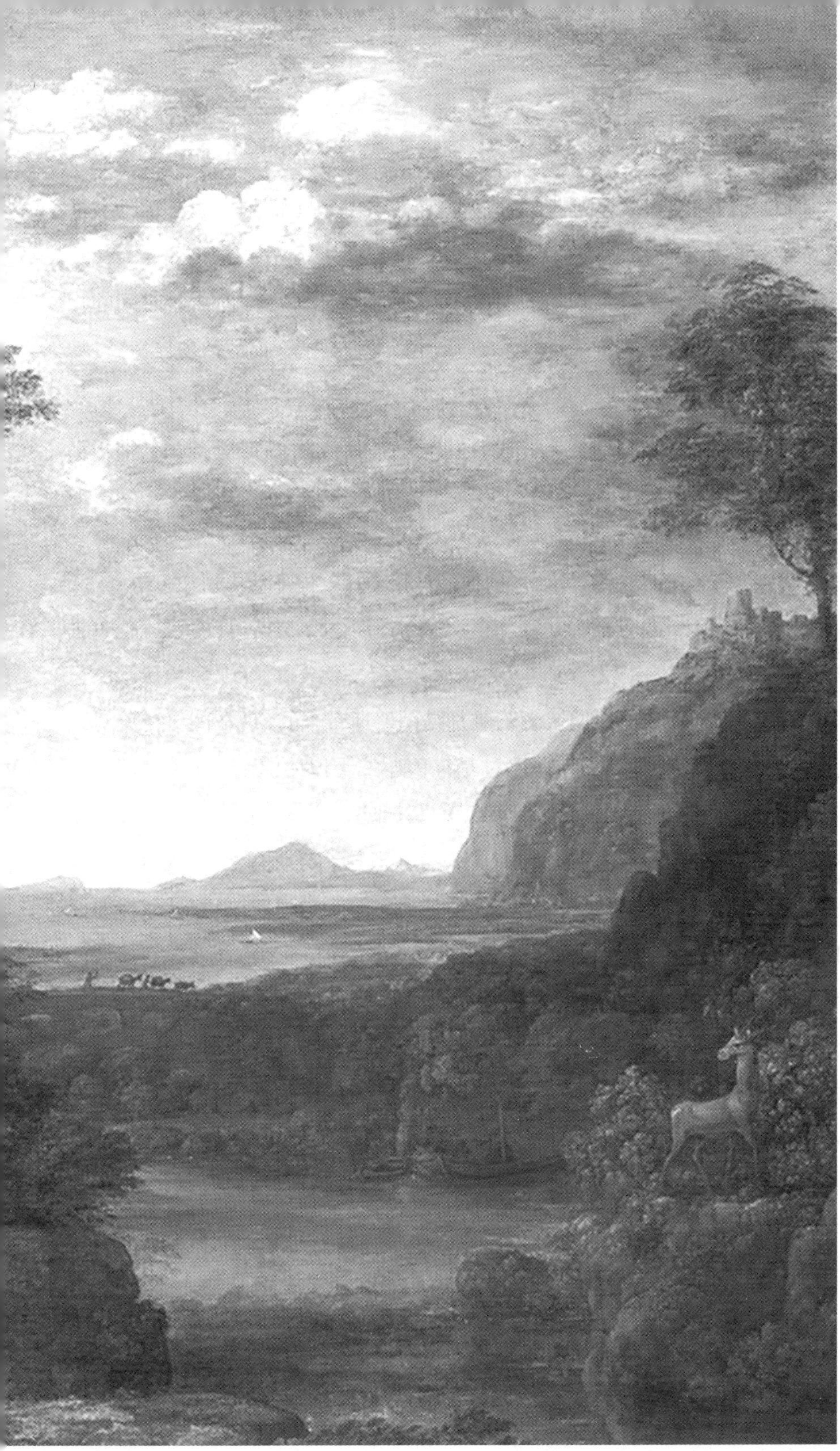

清楚,他的利益已经和埃涅阿斯、拉维妮娅连在一起了,因此他一直焦虑地关注着战局。然而,他无力结束战争,只得顺其自然,静观其变。

过了很久,特洛伊人发现,尽管战争初期他们处于劣势,但随着时间的推移,他们的劣势竟然转变成了优势。原来,特洛伊兵力集中,而敌人各自为战。特洛伊人作战时没有什么后顾之忧,因为他们既没有牛羊群也没有土地,而鲁图利亚人和拉丁姆人都很富有,深受身外之物的拖累。每次打了胜仗,特洛伊人不仅欢喜、自豪,而且"满载而归";而拉丁姆人打了胜仗,除了胜利的喜悦,一无所获。特洛伊人骁勇、坚忍、不屈不挠,要么取得胜利,要么英勇战死。当初的艰难困苦练就了他们坚强的意志,毫无疑问他们是拉丁姆人和鲁图利亚人的劲敌。

战争久拖不决,双方不堪其疲。在这种情况下,拉丁努斯提议,派出使者去与埃涅阿斯议和。他的提议遭到图努斯的强烈反对。他要继续作战,但厌战的拉丁姆人纷纷谴责图努斯。他们认为苦难都是图努斯带来的,现在图努斯反对议和,让国家继续深陷战争的泥潭,不过是自私自利,因为他想报复埃涅阿斯,但这是极其不理性的。他们说,图努斯不应该裹挟他人,并建议图努斯与埃涅阿斯决斗,从而了结他们之间的恩怨。该建议没有获得拉丁努斯的支持,因为拉丁努斯已经厌倦了杀戮,希望结束战争。于是,他力主与埃涅阿斯议和,并且按原计划把女儿嫁给埃涅阿斯。图努斯犹豫了,但一次他看到与王后阿玛塔站在一起的拉维妮娅似乎很生气,竟然把这种生气解读为拉维妮娅爱的是他,从而误以为拉维妮娅愿意嫁给自己,不愿意嫁给埃涅阿斯。于是他不再犹豫,不再拖延,同意决斗。埃涅阿斯获悉后,欣然接受决斗。决斗那一天,双方军队都站在决斗场两边观望。

决斗开始没多久,很快就由一对一变成了大混战,这种情况很常见。最终,埃涅阿斯和特洛伊人取得了胜利,而拉丁努斯和图努斯都被杀死了。至此,战争结束了。埃涅阿斯娶了拉维妮娅。后来,他成了国王,与她共治拉丁姆。

此后,埃涅阿斯又活了很多年,并因治国有方而名垂史册。他推广了从特洛伊带来的希腊艺术和文化，大大改善了当地人们的精神生活。特洛伊盛行的宗教仪式引进来了，埃涅阿斯航行途中学到的宗教仪式也引进了。最后，这些仪式成为传统，代代相传，深深影响了罗马人的信仰。这些仪式记入了罗马文学，传诸后世。

后来，埃涅阿斯在与鲁图利亚人作战中陷入了困境。为了摆脱追敌，他下了河，游往对岸的过程中不幸溺亡。这条河是努米克尤斯河，绕过拉维尼，奔向大海。现在，去考察努米克尤斯河的人说它只是一条小溪，而小溪是淹不死人的，这就意味着当时的努米克尤斯河应该比现在深很多。

特洛伊随从把埃涅阿斯的尸体藏了起来，然后告诉拉丁姆人埃涅阿斯被接到天上去了。于是，那些将埃涅阿斯视为神之子的人开始将他视为神。他们在拉丁姆建起了祭坛，然后像祭拜神一样祭拜他。

译名对照

译名对照

Acamas	阿卡玛斯
Acastus	阿卡斯托斯
Achaian	亚该亚人
Achilleis	《阿喀琉斯之歌》
Achilles	阿喀琉斯
Adamas	阿达姆斯
Adeimantos Koraÿ	阿得曼托斯·科雷
Adolf Kirschoff	阿道夫·克希霍夫
Adriatic	亚得里亚海
Aegiale	埃吉阿勒
Aegisthus	埃癸斯托斯
Aelian	艾利安
Aeneas	埃涅阿斯
Aeneid	《埃涅阿斯纪》
Aeolia	伊奥利亚人
Aeolis	伊奥利亚
Aesacus	埃萨库斯
AEschylus	埃斯库罗斯
Aesyetes	埃叙埃忒
Aethiopis	《埃提奥匹亚》

Aethra	阿斯亚
Agamemnon	阿伽门农
Agamemnon	《阿伽门农》
Age of Homer	《荷马时代》
Ajax	《埃阿斯纪》
Ajax Telamon	特拉蒙之子埃阿斯
Albanians	阿尔巴尼亚人
Alcinous	阿尔喀诺俄斯
Alexander Pope	亚历山大·蒲柏
Alexander the Great	亚历山大大帝
Alexandria	亚历山德里亚
Alexandros	亚里山德罗斯
Amadis de Gaul	《高卢的阿玛迪斯》
Amazon	阿玛宗
Anacreon	阿那克里翁
Anchises	安喀塞斯
Andromache	安德洛玛刻
Andromache	《安德洛玛刻》
Anne Le Fèvre Dacier	达西耶夫人
Antenor	安忒诺耳
Anthony Ashley Cooper	安东尼·阿什利·库珀
Antilochus	安提罗科斯
Aphidnae	阿菲德尼
Aphrodite	阿佛洛狄忒
Apollo	阿波罗
Apollodorus	阿波罗多罗斯
Arachnaeus	阿拉克奈昂山
Archelaus	阿基劳斯
Archilochus	阿尔基洛科斯

译名对照

Arctinus	阿克提努斯
Arges	阿尔赫斯
Argolis	阿尔戈利斯
Argos	阿尔戈斯
Argus	阿耳戈斯
Argyripo	阿基里波
Arimi	阿里米
Arisba	阿里斯巴
Aristarchus	阿里斯塔胡斯
Aristodemus	阿里斯托德穆斯
Aristotle	亚里士多德
Arrian	阿里安
Artemis	阿耳忒弥斯
Ascanius	阿斯卡尼俄斯
Asia Minor	小亚细亚
Asian	亚细亚
Asius	阿西俄斯
Assaracus	阿萨剌科斯
Asterope	阿斯忒洛珀
Astyanax	阿斯堤阿那克斯
Astynomé	阿斯蒂诺梅
Astyoche	阿斯托约什
Até	埃忒
Athene	雅典娜
Attica	阿提卡
Augustus	屋大维
Aulis	奥里斯
Aulus Gellius	奥拉斯·哲利阿斯
Automedon	奥托墨冬

Avilion	阿瓦隆
Bacchus	巴克斯
Balius	巴利乌斯
Ballad of Chevy Chase	《切维厄特山追猎之歌》
Batiaea	巴提埃亚
Batieia	巴蒂亚
Battle of Cannae	坎尼战役
Bellerophon	柏勒洛丰
Beneventum	贝内文托
Berthold Auerbach	贝托尔德·奥尔巴克
Bible	《圣经》
Boreas	波瑞阿斯
Bournabashi	伯纳巴希
Briseis	布里塞伊斯
Brontes	布戎忒斯
Brutus of Troy	特洛伊的布鲁图什
Calabria	卡拉布里亚
Calchas	卡尔卡斯
Caligula	卡利古拉
Callirho	卡利洛俄
Callirhoe	卡利罗厄
Calypso	卡利普索
Cannabis Indica	印度大麻
Cape Malea	马莱阿斯角
Carcassonne	卡尔卡松
Carians	卡里亚人
Carthage	迦太基
Cassandra	卡桑德拉
Castor	卡斯托耳

译名对照

Cayster	凯斯特
Ceres	刻瑞斯
Chalcis	哈尔基斯
Charles Perrault	夏尔·佩罗
Charles Texier	夏尔·特谢尔
Charybdis	卡律布狄斯
Chersonese	切索尼
Chios	希俄斯岛
Chiplâk	奇普拉克山
Choephori	《奠酒人》
Chrestomathy	《益世文集》
Christopher Marlowe	克里斯托弗·马洛
Chrysa	赫里萨
Chryseis	克律塞伊斯
Chryses	克律塞斯
Cicero	西塞罗
Circe	喀耳刻
Claudius	克劳狄乌斯
Cleanax	克里奈克斯
Clytemnaestra	克吕泰涅斯特拉
Cnossus	克诺索斯
Confucius	孔子
Connop Thirlwall	康诺普·瑟尔沃尔
Cordelia	科迪莉亚
Cranaë	克兰纳岛
Crete	克里特岛
Creusa	克露莎
Critheis	克里希斯
Croton	克罗顿

Cumae	库迈
Cybele	西贝丽
Cyclops	独眼巨人
Cycnus	库克诺斯
Cyllabarus	赛拉巴鲁斯
Cypria	《塞浦路亚》
Cyprian Epic	《塞浦路斯女神之歌》
Cyrene	库瑞涅
Cyrus II	居鲁士二世
Dardania	达耳达尼亚
Dardanians	达耳达尼亚人
Dardanus	达耳达诺斯
Dares Phrygius	弗里吉亚的达勒斯
Daunia	道尼亚
David	大卫
De Bello Trojano	《特洛伊战纪》
Deidamia	得伊达弥亚
Deiphobus	得伊福玻斯
Demetrius	德梅特留斯
Demodocus	得摩多科斯
Demophoon	得莫丰
Diana Orthia	丰收女神狄安娜
Dictys Cretensis	克里特的狄克提斯
Dioclesian	戴克里先
Diomedea	迪奥梅德亚
Diomedes	狄俄墨得斯
Dodona	多多纳
Dolon	多隆
Dorians	多利安人

译名对照

Dunciad	《愚人志》
Dymas	狄玛斯
Edmund Spenser	埃德蒙·斯宾塞
Edward Clarke	爱德华·克拉克
Edward Smith-Stanley	爱德华·史密斯·斯坦利
Egean	爱琴海
Elaine	伊莱恩
Electra	伊莱克特拉
Electra	《厄勒克特拉》
Epeus	埃比乌斯
Epistles of St. Paul	《圣保罗书信》
Erectheus	厄瑞克透斯
Erichthonius	厄里克托尼俄斯
Eridanus	厄里达诺斯
Eris	厄里斯
Ernst Curtius	恩斯特·库尔提乌斯
Erythraean Sibyl	厄立特利亚的西比尔
Ethiopian	埃塞俄比亚
Etolia	埃托利亚
Euboea	埃维亚
Eugammon	欧迦蒙
Eumelus	欧墨洛斯
Euphorion	欧福里翁
Eupraxides	尤普拉西德斯
Euripides	欧里庇得斯
Euripus Strait	尤里普斯海峡
Eurypylus	欧律皮洛斯
Eustathius	欧斯塔修斯
Eusthathius	欧斯塔提乌斯

Fabulae	《传说集》
Faust	浮士德
Faust	《浮士德》
Francis Bacon	弗朗西斯·培根
Francis Newman	弗朗西斯·纽曼
François Hedelin	弗朗索瓦·埃德兰
Friedrich A. Wolf	弗里德里希·A.沃尔夫
Furies	《复仇女神》
Ganymede	该尼墨得斯
Gargarus	嘎格罗斯
Geoffrey of Monmouth	蒙茅斯的杰弗里
George Chapman	乔治·查普曼
George Eliot	乔治·艾略特
George G. Byron	乔治·G.拜伦
George Grote	乔治·格罗特
George Grote	家乔治·格罗特
George W. Cox	乔治·W.考克斯
Giovanni B. Vico	乔瓦尼·B.维科
Glaucus	格劳科斯
Gottfried Hermann	戈特弗里德·赫尔曼
Gregor W. Nitzsch	格雷戈尔·W.尼切
Guido Del Colonne	圭多·德尔·科隆内
Gythium	吉西姆湾
Hagias	黑吉亚斯
Halitherses	哈利瑟斯
Harmodius	哈尔莫狄欧斯
Hector	赫克托耳
Hecuba	《赫卡柏》
Hecuba	赫卡柏

译名对照

Hegesias	赫格西亚
Heinrich Schliemann	海因里希·谢里曼
Helen	海伦
Helen	《海伦》
Helena	海伦娜
Helenus	赫勒诺斯
Heliogabalus	希利伽巴拉
Hellespont	赫勒斯滂
Hephaestus	赫菲斯托斯
Hera	赫拉
Heraclea	赫拉克利亚
Heraclides	赫拉克利德
Hercules	赫拉克勒斯
Here	赫拉
Hermann Bonitz	赫尔曼·博尼茨
Hermes	赫尔墨斯
Hermione	埃尔米奥娜
Herodotus	希罗多德
Heroicus	《英雄传》
Hesiod	赫西俄德
Hesione	赫西俄涅
Hesperia	赫斯珀里亚
Hestiaea	赫斯提亚
Himaera	希马拉
Hippodamia	希波达弥亚
Hippolyte	希波吕托斯
Hissarlik	希沙立克
History of Greece	《希腊史》
History of Greek Literature	《希腊文学史》

History of the Destruction of Troy	《特洛伊毁灭史》
Holy Ilium	圣伊利昂
Homer	荷马
Homeridae	荷马之子
Hyginuss	希吉努斯
Hymn to Apollo	《阿波罗颂歌》
Hyrtocus	赫图克斯
Iasion	伊阿西翁
Idaea	艾达亚
Idaeus	伊达乌斯
Idomeneus	伊多墨纽斯
Il Penseroso	《沉思者》
Iliad	《伊利亚特》
Iliad Minor	《小伊利亚特》
Ilium	伊利昂
Ilus	伊路斯
Ionia	伊奥尼亚
Iphianassa	伊菲阿那萨
Iphigenia	伊菲格纳亚
Iphigenia in Aulis	《伊菲吉尼娅在奥里斯》
Iphigenia in Tauris	《在陶里斯的伊菲格纳亚》
Iris	伊利斯
Ithaca	伊萨基岛
Ivan Turgenieff	伊万·屠格涅夫
Jean LeChevalier	让·勒舍瓦利耶
Jean Racine	让·拉辛
Johann G. Fichte	约翰·G. 菲希特
Johann Heinrich Voss	约翰·海因里希·福斯
John Bunyan	约翰·班扬

译名对照

John Milton	约翰·弥尔顿
John P. Mahaffy	约翰·P. 马哈菲
Joseph Addison	约瑟夫·艾迪生
Joseph Iscanus	约瑟夫·伊斯卡努斯
Josephus	约瑟夫斯
Julius Caesar	尤利乌斯·恺撒
Juventus Mundi	《世界的少年一代》
Karl Lachmann	卡尔·拉赫曼
King Arthur	亚瑟王
King Lear	李尔王
Lacedamon	斯巴达
Laertes	莱耳忒斯
Laestrygonans	莱斯特律戈涅斯
Laocoon	拉奥孔
Laodamia	拉俄达弥亚
Laomedon	拉俄墨东
Latinus	拉蒂努斯国王
Latium	拉丁姆
Lavinia	拉维尼娅
Leda	勒达
Lemnos	利姆诺斯岛
Lesbos	莱斯沃斯岛
Lesches	莱斯克斯
Leto	莱托
Leuké	勒凯岛
Levant	黎凡特
Lilium Martagum	百合花
Little Iliad	《小伊利亚特》
Locris	罗克里斯

Ludovico Ariosto	洛多维科·阿廖斯托
Luís de Camões	路易·德·卡蒙斯
Lycian	吕西亚人
Lycomedes	吕科墨得斯
Lyrnessus	吕耳涅索斯
Macbeth	《麦克白》
Machaon	玛卡翁
Magna Greciaë	大希腊
Marathonisi	马拉托尼斯
Marcian	马尔奇安
Marmara	马尔马拉海
Max Müller	马克斯·米勒
Maximilianus Sengebusch	马克西米利安努斯·泽恩布奇
Megapenthes	墨加彭忒斯
Melchiorre Cesarotti	梅尔基奥雷·卡萨罗蒂
Meleagros	墨勒阿格罗斯
Meles	梅莱斯河
Melesigenes	梅莱斯西葛尼斯
Memnon	门农
Menalippus	墨涅利普斯
Menelaus	墨涅拉俄斯
Mentes	门泰什
Mercury	赫尔墨斯
Merope	罗珀
Messenian war	麦西尼亚战争
Metamorphoses	《变形记》
Metrodorus	美特洛多罗司
Miletus	米利都人
Mines	米尼斯

译名对照

Mohamet	穆罕默德
Molossus	莫洛索斯
Mount Athos	阿索斯山
Mount Ida	伊达山
Mount Pelion	珀隆山
Mycenae	迈锡尼
Myrina	米里纳
Myrmidons	米尔弥冬人
Mysia	密细亚
Naustathmos	瑙斯塔斯
Naustathmus	希腊营地
Nemesis	涅墨西斯
Neoptolemus	涅俄普托勒摩斯
Nepos	尼波斯
Neptune	涅普图努斯
Nereus	涅柔斯
Nero	尼禄
Nestor	涅斯托耳
Nicostratus	尼科特拉特斯
Nikolaus Ulrichs	尼古劳斯·乌尔里希斯
Nostos	《归返》
Oceanus	俄刻阿诺斯
Odysseus	奥德修斯
Odyssey	《奥德赛》
Oenone	伊诺尼
Ogygia	奥吉亚岛
Oileus	厄琉斯
Olympus	奥林匹斯山
On the language of the Greek Epic Poets	《论古希腊史诗的语言》

Onomacritus	奥诺玛克利托斯
Orestes	俄瑞斯特斯
Orestes	《俄瑞斯特斯》
Orpheus	俄耳甫斯
Othryonous	奥斯里奥纽斯
Ovid	奥维德
Padua	帕多瓦
Paeonians	培奥尼亚人
Palamedes	帕拉墨得斯
Panathenaic	女神节
Pandarus	潘达洛斯
Panopeus	帕诺佩司伊
Paradise Lost	《失乐园》
Paris	帕里斯
Patroclus	帕特洛克罗斯
Paul Jérémie Bitaubé	保罗·热雷米·比陶韦
Pausanias	帕夫萨尼亚斯
Payne Knight	佩恩·奈特
Pedasus	佩达索斯
Peisistratus	庇西特拉图
Pelasgian	佩拉斯吉人
Peleus	珀琉斯
Peloponnessus	伯罗奔尼撒
Penelope	珀涅罗珀
Penthesilea	彭忒西勒亚
Pergamus	帕加姆斯
Pericleian age	伯里克利时代
Pericles	伯里克利
Phaeacian	费埃克斯

译名对照

Phemius	菲米奥斯
Phidias	菲迪亚斯
Philoctetes	菲罗克忒忒斯
Philoctetes	《菲罗克忒忒斯》
Philostratus	斐罗斯屈拉特
Phoeacia	费埃克斯
Phœnix	菲尼克斯
Phrontis	普隆提斯
Phrygia	弗利吉亚
Phrygians	弗里吉亚人
Phthiotis	弗西奥蒂斯
Pieria	皮埃里亚
Pilgrim's Progress	《天路历程》
Pindar	品达罗斯
Pirithous	庇里托俄斯
Plato	柏拉图
Pleiad	普莱亚德星
Plutarch	普鲁塔克
Podarces	波达耳刻斯
Polites	波利蒂斯
Pollux	波吕克斯
Polybius	波里比阿
Polydamus	波吕达摩斯
Polygnotus	波利格诺托斯
Polyxena	波吕克塞娜
Polyxo	波里克索
Poseidon	波塞冬
Priam	普里阿摩斯
Proclus	普罗克洛斯

Prolegomena to Iliad	《荷马绪论》
Propontis	普罗彭提斯
Protesilaus	普洛忒西拉俄斯
Proteus	普洛透斯
Psalms	《诗篇》
Pylades	皮拉德斯
Pylos	皮洛斯
Pyrrhus	皮勒斯
Quintus Smyrnaeus	士麦那的昆图斯
Raphael Holinshed	拉斐尔·霍林斯赫德
Revenna	拉韦纳
Rhesus	瑞索斯
Rhesus	《瑞索斯》
Rhetian	洛伊提昂海岬
Rhodes	《颂歌集》
Rhodes	罗得岛
Richard Bentley	理查德·本特利
Robert Browning	罗伯特·布朗宁
Romeo and Juliet	《罗密欧与朱丽叶》
Sakya Mouni	释迦牟尼
Salamis	萨拉米斯
Salentia	萨伦蒂亚
Samothrace	萨莫色雷斯岛
Sappho	萨福
Sardis	萨迪斯
Sarpedon	萨尔佩东
Scamander	斯卡曼德洛斯河
Scepsis	斯凯普斯
Scio	开俄斯

译名对照

Scylla	斯库拉
Scyros	斯库罗斯岛
Septimius	塞普提米乌斯
Sidon	西顿
Sigeion Point	西革翁海岬
Sigeium	西吉乌姆
Simois	西摩伊斯河
Sinon	西农
Sir Alisander	阿利桑德爵士
Sir Ector	埃克特爵士
Sir Palamides	帕拉米迪斯爵士
Skaian Gate	斯开埃城门
Smyrna	士麦那
Solon	索隆
Sophocles	索福克莱斯
Stasinus	施塔西鲁
Statius	斯塔提乌斯
Steropes	斯忒洛珀斯
Stesichorus	斯泰西科拉斯
Strabo	斯特拉博
Strymo	斯特律摩
Suidas	苏达斯
Suliotes	苏利奥人
Sunium	苏尼翁
Syrens	塞壬女妖
Tartarus	塔尔塔洛斯
Tauris	陶里斯岛
Taygetus	泰格特斯山
Telamon	忒拉蒙

Telegonia	《特勒戈诺斯纪》
Telegonus	忒勒戈诺斯
Telemachus	忒勒玛科斯
Telephus	特勒福斯
Tenedos	泰涅多斯岛
Tethys	忒堤斯
Teukrii	特克瑞
Teukros	特库罗斯
Teuthrania	铁乌特拉尼亚
Thamyris	塔米里斯
The Iliupersis	《洗劫伊利昂》
The Tragedy of Dr. Faustus	《浮士德博士的悲剧》
Thebé	忒拜
Themis	忒弥斯
Theodor Bergk	特奥多尔·贝克
Theogeny	《神源论》
Theopompus	塞奥彭普斯
Therapnae	铁拉普涅
Thermodon	铁尔莫东河
Thersites	忒耳西忒斯
Theseus	忒修斯
Thessalians	色萨利人
Thessalonica	塞萨洛尼基
Thessaly	色萨利
Thetis	忒提斯
Thomas Hobbes	托马斯·霍布斯
Thomas Howard	托马斯·霍华德
Thrace	色雷斯
Thracia	色雷斯人

译名对照

Thucydides	修昔底德
Thyestes	堤厄斯忒斯
Thymbraean	色莫布拉
Tiber	台伯河
Tiberius	提比略
Tlepolemus	特勒波勒摩斯
Troad	特洛阿德
Troades	《特洛亚妇女》
Troezen	特洛岑
Troilus	特洛伊路斯
Trojan War	《特洛伊战争》
Tros	特洛斯
Troy	特洛伊
Troy	《特洛伊》
Tyndarus	廷达鲁斯
Typhœus	堤福俄斯
Typhon	提丰
Ulysses	尤利西斯
Ulysses	尤利塞斯
Uria	乌里亚
Venice	威尼斯
Venus	维纳斯
Vesta	维斯太
Victor Hugo	维克托·雨果
Vincenzo Monti	温琴佐·蒙蒂
Virgil	维吉尔
Vittorio Alfieri	维托里奥·阿尔菲耶里
Volisso	沃利索
Wilhelm von Humboldt	威廉·冯·洪堡

William Cowper	威廉·柯珀
William Cullen Bryant	威廉·卡伦·布赖恩特
William D. Geddes	威廉·D. 格迪斯
William E. Gladstone	威廉·E. 格拉德斯通
William M. Leake	威廉·M. 利克
William Mure	威廉·缪尔
William Shakespeare	威廉·莎士比亚
William Sotheby	威廉·索思比
Xanthus	克珊托斯河
Xenophanes	色诺芬
Xerxes	薛西斯一世
Zeleian	泽莱亚人
Zephyr	泽斐尔
Zeus	宙斯
Zolius	佐伊鲁斯
Zopyrus	佐披洛司